U0607498

中华优秀传统文化与大学生思想政治教育

佘飞凤 刘丽琳 杨曼萍／著

辽宁人民出版社

© 佘飞凤 刘丽琳 杨曼萍　2025

图书在版编目(CIP)数据

中华优秀传统文化与大学生思想政治教育 / 佘飞凤, 刘丽琳, 杨曼萍著. — 沈阳 : 辽宁人民出版社, 2025.2
　ISBN 978-7-205-11168-7

　Ⅰ. ①中… Ⅱ. ①佘… ②刘… ③杨… Ⅲ. ①中华文化—关系—高等学校—思想政治教育—研究—中国 Ⅳ. ①K203②G641

中国国家版本馆 CIP 数据核字(2024)第 094523 号

出版发行 : 辽宁人民出版社
　　　地址 : 沈阳市和平区十一纬路 25 号　邮编 : 11003
　　　电话 : 024-23284321(邮　购) 024-23284324(发行部)
　　　传真 : 024-23284191(发行部) 024-23284304(办公室)
　　　http://www.lnpph.com.cn
印　　刷 : 辽宁一诺广告印务有限公司
幅面尺寸 : 170mm×240mm
印　张 : 14
字　　数 : 210 千字
出版时间 : 2025 年 2 月第 1 版
印刷时间 : 2025 年 2 月第 1 次印刷
责任编辑 : 张天恒　王晓筱
装帧设计 : 识途文化
责任校对 : 刘再升
书　　号 : ISBN 978-7-205-11168-7
定　　价 : 68.00 元

前　言

　　中华优秀传统文化是中华民族智慧的结晶，是我国丰富的精神财富。将中华优秀传统文化融入大学生的思想政治教育，对于培育他们的世界观、人生观和价值观具有不可替代的重要性。这一传统不仅是中华民族智慧和精神财富的体现，而且能够促进学生对自身文化身份的认同和自信，同时提升他们的整体素养及综合能力。

　　本书旨在探讨如何将中华优秀传统文化与大学生思想政治教育相结合，通过对相关内容研究与分析，提出有效的教学策略和方法。希望通过本文的撰写，能够为广大教育者和思想政治教育工作者提供有益的参考，推动中华优秀传统文化与大学生思想政治教育的深入融合。

　　本书将从以下几个方面展开：首先，介绍中华优秀传统文化的内涵、相关内容、重要思想与精神，阐述大学生思想政治教育的概念、内容、历史演进与学科发展。其次，探讨中华优秀传统文化与大学生思想政治教育的关系和融合价值。再次，我们对传统文化与大学生思想政治教育融合的现状进行分析。从次，研究优秀传统文化与大学生思想政治教育融合的机制，使其在思想政治教育中发挥更大的作用。最后，提出对中华优秀传统文化与大学生思想政治教育融合的有效路径。

本书的意义在于弘扬中华优秀传统文化，同时促进大学生通过思想政治教育得到全面的发展。通过将中华优秀传统文化与思想政治教育相结合，希望能够增强学生的文化自信和家国情怀，培养他们的爱国主义情感和社会责任感。

　　愿本书能够为中华优秀传统文化与大学生思想政治教育的融合提供有益的启示和借鉴，为培养社会主义建设者和接班人作出积极贡献。让我们共同努力，推动中华优秀传统文化与大学生思想政治教育朝着更高层次、更广泛的方向发展！

目　录

第一章　中华优秀传统文化与大学生思想政治教育概述

第一节　中华优秀传统文化的内涵及相关内容

中华优秀传统文化，绝非所谓餐饮、书画、武术、古玩、服饰、歌舞这些表面形式所能代表，也非几个名词概念所能囊括。真正的优秀传统文化一定是人类智慧的结晶、民族精神的血脉。我们今天提倡继承和弘扬中华优秀传统文化，决不能停留在展览式的观赏层面，而是要深入学理层面，走进大门，登堂入室。

一、中华优秀传统文化的内涵

每一个名词都承载着其特定的含义，每个已确立的观念旨在帮助人们更明确地理解并区分各种事物的实质与属性。正如德国哲学家黑格尔所指出："真正的思想和科学的洞察力，唯有借助于概念的劳作才能获得。"因此，对于研究主题的概念是否清晰，极大程度上决定了人们对其内涵的深刻理解。华夏民族，这个拥有超过五千年历史的国家，在实践中日益繁荣和强盛，当提到文化时，无疑涵盖了广泛而深邃的领域。为了理解中华优秀传统文化的观念，我们需先界定文化、传统文化以及中国传统文化的概念。

（一）文化

1.文化的内涵

到目前为止，学者们对文化的定义有数百种。从整体上看，文化可以划分为广义和狭义两种。广义的文化又称为"大文化"，其定义主要是根据人类与动物之间的根本区别来确定的，内容丰富，涵盖了人类创造的所有物质和精神成果。可以说，在人类社会中，文化是无处不在、无时不在的。狭义的文化并不包括物质创造及其成果，而是只包含精神创造及其成果，因此也被称为"小文化"。本书所提到的"文化"是指狭义的文化，它相对于人类社会的政治、经济结构，是人类在社会实践和意识活动过程中孕育出来的价值观念、精神心理、思维方式等。在文化的多个层次中，精神上的文化对人类的生活具有根本性的意义。

2.文化的特征

第一，具有继承性，世代相传。在不同的历史时期，中国传统文化确实发生了一些变化。然而在总体上看，这些变化并未中断其发展脉络；相反，它们构成了一个连续不断的文化传承过程。第二，具有可传播性。文化的传播性是其核心特征之一，它能够通过不同的渠道和方式进行传递。这种传播使得不同国家和民族的文化能够相互交流，进而发生融合，促进了文化的多样性和发展。第三，具有独特的民族特色。文化，作为每个国家和民族独特的精神象征，其种类和表现形式的多样性是无可比拟的。每一种文化都与它所属的国家或民族的生产、生活方式紧密相连，形成了与其他民族截然不同的文化传统，使得世界因文化的多样性而更加丰富和多元。

（二）传统文化与中国传统文化

1.传统文化的内涵

随着人类的演变，由原始的无知状态逐渐走向文明社会，文化的形态也随之产生了过去与现在的分界。特别是在历史发展的进程中，那些具有明显时代特色的文化被冠以"传统"之名。在每个民族的文化体系中，都蕴含着能够反映该民族性格和文化特点的精神元素，它们也被认为是"传统文化"的一部分。

传统文化在某种意义上，可以视为人类对于社会存在的感性诠释。由于各国的社会发展情况不同，因此形成的文化也各不相同。在所有国家中，每个国家的文化都有其独特性，尤其是中国，作为四大文明古国之一，中国的传统文化能够真实反映、表达和体现我国在封建时期社会的经济、政治关系。所谓的传统文化，是指在漫长的历史演变中逐步产生并发展起来的文化。这种文化在每个民族中都拥有一种稳定的形态。它代表了民族的历史遗产在现代社会中的体现，具备其独特的含义和主导的核心理念。

在探讨文化的概念时，我们常将其划分为广义与狭义两种理解方式；同样的分类法也适用于传统文化。从广义上来讲，传统文化涵盖了自古至今所有物质和精神遗产的集合。而从狭义角度讲，它特指那些代代相传、承载历史的精神与思想文化。本书的关注点正是这狭义范畴内的传统文化，它代表着特定历史时期形成并延续至今的，具有独特性和强烈民族特色的精神及观念文化。

2.传统文化的功能

传统文化体现了人类的精神追求和价值观念，其文化形态可从以下三个视角加以认识和理解。

（1）传统文化是人类社会发展的遗传基因

林登，一位人类学家，提出"社会遗传"实质上是文化的概念。这一观点指出，传统社会文化相当于人类社会的基因传承，缺少了这种文化传统，现实社会的形态也将不复存在。换言之，传统文化不仅构成了社会的基础，也是推动其合理发展的关键原则。同样地，管理学领域的先驱泰勒也强调了文化的重要性。泰勒认为，文化或文明在广义的人种学的范畴内，是一个包含知识、信仰、道德规范、法律体系以及习俗等的复杂整体。这些元素共同塑造了个体作为社会成员的身份，并且赋予了人类一定的能力与习惯。因此，泰勒的观点进一步印证了文化在人类社会中的中心地位，以及它在指导和规范社会发展方面所起到的决定性作用。通过上述两种视角，我们可以看出文化传统对于构建和维护现实社会的重要性，无论是将其视为遗传基因，还是作为一个复杂的整体，文化无疑在塑造人类行为和社会发展上扮演着核心角色。

（2）传统文化是一个民族的存在根基

文化研究者希尔斯在其著作《论传统》中强调，"传统不仅是新兴信仰和行为的发源地，同时也是对这些信仰和行为进行注解的基础。"希尔斯认为，如果一个社会脱离其文化根源，那么它就会迷失发展的方向，失去行为的规范。民族文化的特性，正是在一代又一代的传承中逐渐形成的。英国现代学者吉姆·麦克盖根指出："文化是一系列创造意义的行为和习俗。"没有独特的文化传统，就不可能形成独特的文化形态。一旦失去了文化传统，那就意味着这个民族将退出历史的舞台。

（3）传统文化是人类的终极身份证

人类在社会性方面的特征，是深受文化特征的影响。因此，传统文化成为人类作为理性生物的根基价值和最终身份的证明。现实世界总是对作为社会深层意识的传统文化进行反射和反映，而拥有高度精神传承特点的人类，无法完全逃脱传统文化对自身的影响。在20世纪初，英国哲学家罗素就曾经向全世界发出呼声："中国最高尚的道德品质中的某些元素，是现代世界非常需要的。"罗素的呼唤为我们重新理解和认识中国传统文化提供了一个基本的视角。

3.中国传统文化

（1）中国传统文化的内涵

中国传统文化，简而言之，是指那些深深植根于中国这片土地、具有独特民族特色的文化传统。这一概念不仅强调了文化的地域和民族归属，而且凸显了中华民族在文化创造上的智慧与贡献。当我们提及"传统文化"时，我们是在谈论一种跨越时空的文化传承，它从古至今延续不断，承载着中华民族的价值观、信仰和生活实践。对于中国传统文化的具体定义，学术界并没有统一的标准，不同的研究者和学者可能会有不同的解读和侧重点。然而，无论定义如何变化，中国传统文化所蕴含的核心价值和文化特征都是其不可或缺的组成部分。

在探讨中国传统文化时，我们通常是指那些在中国数千年的文明历程中，受到特定自然条件、经济形态、政治体系和思想观念等多重因素影响而形成并传承至今的文化元素。这些文化不仅反映了中国古代社会的面貌，而且继续对当代社会产生深远影响。西安电子科技大学的张俊伟教授，在综合分析前人观点的基础上，对中国传统文化的时期进行了界定。他将中国传统文化定义为明清之前，由不同民族和地域人民在历史长河中共同创造的精神和物质文化，这些文化成就对未来社会及其人民的生活方式仍将具有持续的影响。

在笔者看来，中国的传统文化是中华民族在其长期历史进程中形成并传承下来的，这些文化能够对社会产生深远影响，并且具有一定的稳定性。中国传统文化中既包含着宝贵的精华元素，也不可避免地混杂了一些过时的糟粕。在继承和发展这些文化时，我们应当保持审慎的态度，既要发扬其精华，也要敢于舍弃那些不适应时代发展的部分。

（2）中国传统文化的价值体系结构

中国传统文化的核心价值，在于追求"内圣"与"外王"，即塑造高尚的道德品质和建立和谐的社会。这一追求体现在文化中的主要手段为"修身"与"德治"，而"礼"则构成了文化的价值规范体系。

"内圣"是指一个人拥有理想的道德品质和道德理性，而"外王"则是指通过治理国家、平定天下来实现事业的成就。在儒家的价值观念中，"内圣"被视为最为重要的部分。《大学》篇明确阐述了中国传统文化的价值目标和方法，它指出："大学之道，在明明德，在亲民，在止于至善。"同时，《大学》还强调："自天子以至于庶人，壹是皆以修身为本。"《大学》所提出的"修身"理念旨在帮助人们达到"内圣"的境界，而治国平天下则是广义上的"外王"。从"修身"到"德治"的过程，正是"内圣外王"的体现，也是道德向政治生活扩展的过程。

在中国传统文化中，伦理道德与政治紧密相连是其显著特征之一。早在古时，孔子就提出："为政以德，譬如北辰，居其所而众星共之。"朱熹进一步将王道和德行的重要性从政治延伸到历史与生活等更宽广的领域。他认为，古代圣人通过真诚的心顺应天理，从而让天下人自发归顺，这便是王道的真谛。他还指出，实践王道的人，无论是否拥有王位，都已经具备了高尚的道德。这样的人，在位则能辅助王者，如伊尹、大公；不在位则传承王者的智慧，如孔子、孟子。在中国文化的演变过程中，当"德治"无法完全发挥作用时，就会辅以法律手段，"以刑补德"，"礼法结合"，既注重教化也重视惩戒。这种"德"与"刑"的结合运用，构成了中国传统文化价值体系中的重要特点。

在中国的传统文化中，礼仪扮演了关键的角色，它不仅是文化传承的核心，也是价值体系的基础。通过规范人们的行为和维持社会秩序，礼仪确保了社会道德的持续追求，并成为实现个人修养与社会和谐的重要支柱。

（三）中华优秀传统文化

1.中华优秀传统文化的概念

学术界针对中华优秀传统文化的定义有多种，主要可以概括为三种观点。首先，一种观点从时间和内容的角度来定义中华优秀传统文化，将其描述为中华民族在1840年之前所创造的文化成果，这些文化成果能够经过现代的创新转化，为中国的现代化建设服务，其中不仅包括精神层面的文化遗产，也涵盖了物质形态的文化遗产。其次，另一种观点则从价值角度来界定中华优秀传统文化，认为它指的是那些在中华民族长期发展过程中形成的、具有积极历史作用并且至今仍具有重要价值的思想和文化成就。这种定义强调了文化的积极作用和持久影响。最后，还有一种观点侧重于传承的角度，认为中华优秀传统文化是指那些历经实践、时间的检验以及社会选择过程而得以保留和传承下来的文化元素，这些文化元素因其独特的价值和意义，能够被后世长久地继承和发扬光大。综上所述，这三种观点虽然侧重点不同，但都在试图全面而深入地理解和评价中华文化的深厚底蕴和独特价值。

学术界对中华优秀传统文化的定义各有侧重点，但都基于合理的根据。时间是评判传统文化的重要标准，任何民族的文化都有其产生、发展的历史脉络。传统文化主要指过去的文化，与当代文化形成对照。然而，定义中华优秀传统文化时，关键在于"优秀"这一标准。因此，关于中华优秀传统文化的界定可从以下三个角度进行：①中华优秀传统文化首先是指19世纪40年代之前的中国文化，这是中国传统文化的范畴。②它代表中国文化中的精粹部分，即那些至今仍被传承且对当今世界具有积极影响的文化元素，为中国特色社会主义面临的挑战提供解决方案的文化成分，构成社会主义文化的基础和关键部分。③中华优秀传统文化是经过现代实践验证，对人类未来进步具有正面作用的文化。

在探讨中国传统文化和其卓越元素的定义时，根据许多专家和学者的观点，中华优秀传统文化被看作是中华民族在其长期的历史进程中，对物质与精神生活经验的总结及反思。它是历史传承和发展的结果，历经了持续的筛选和优化过程，保留了那些对社会发展和人类前进具有积极推动作用的思想、伦理和习俗。

2.中华优秀传统文化内涵的主要表现

中华传统文化展现了中华民族不断自我提高与追求卓越的精神，它不仅是社会主义先进文化发展的坚实基石，也是构建民族精神家园的重要支撑。对这一文化遗产的深入挖掘，研究工作主要从个人、社会以及国家这三个维度展开。

（1）个人层面

中华优秀传统文化在个人层面上强调的主要道德价值包含诚信和正义。首先，诚信被视作立人之本，是人与人之间交往的基础，也是处理事务时不可或缺的原则。其次，正义被视为基本的道德准则，拥有强烈的正义感是一种受人尊敬的高尚品质，它体现了当代社会所推崇的公民道德标准。此外，诚信与正义都是中国悠久文化的宝贵财富，它们不仅展现了中华民族历代子孙的高尚道德风貌，也反映了民族的时代精神力量，这使得华夏文明在世界东方熠熠生辉，并在国际上赢得了广泛的好评。

（2）社会层面

中华传统文化中的核心价值在社会生活中主要体现为"和谐"与"仁义"。和谐是推动社会前进的重要动力，只有和谐相处，才能推动发展、增进合作。它涵盖了人与人、家庭与家庭，以及国与国之间的和睦共存，是通往美好生活的基石。孔子则强调，仁慈和爱心（仁）以及尊重（义）是维系人际关系的根本。为了建设一个文明的、和谐的、强大的、现代化的社会主义现代化强国，我们应当秉持仁义的原则。作为民族美德的代表，仁义的价值不容忽视。孔子的儒家文化，以仁、义、礼、智、信为核心，其倡导的和谐与仁义，对社会有着深远的影响，值得后人不断学习和传承。

（3）国家层面

中华文化的核心在国家层面上主要表现为强调人民的重要性和遵循道德准则。人民是社会进步的源泉，是历史的创造者，也是维护国家稳定的基石。古代智慧告诉我们："民为贵，社稷次之，君为轻。"这强调了所有的人类活动应以人为中心。观察我国自改革开放以来的发展轨迹，不论在哪个领域，如经济、政治、文化、社会及科技等，都取得了非同凡响的进步。这些进步的动力正是源自我们始终坚持的"人本"原则。

在当前全球多极化的背景下，中国正主动扮演着维护世界和平与稳定的关键角色。继承自古的"和为贵"理念，这一思想已成为儒家文化的一部分，深深影响中华民族。现在，资本主义大国对社会主义国家的挑战持续存在，对全球的和平与团结构成威胁。作为新时代的年轻人，我们应当明白，共同创建一个繁荣共生的世界是每个人的责任。

二、中华优秀传统文化的主要内容

从系统角度看，一种文化是由若干文化要素组成的具有一定结构和功能的文化系统。组成文化系统的文化要素复杂多样，在系统中具有不同特征和功能。如果以特征和功能的相似性为标准，可以对复杂多样的文化要素进行分类，区分出精神、制度和物质三个层面的文化要素。这三个层面的文化要素相互影响、有机结合，共同构成整个文化系统[①]。中华优秀传统文化也是由精神、制度和物质三个层面文化要素构成的文化系统。为了深入研究中华优秀传统文化当代价值，下面分别对这三个层面的文化要素进行简要梳理和阐释。

（一）精神层面文化

精神层面文化是以精神形式存在的文化，代表着人类认识世界的精神成果，如世界观、价值观。中华民族在漫长的社会历史实践中，经过不懈的探索和长期的积累，产生了博大精深的精神成果，为中华民族的发展壮大提供了丰厚的精神滋养。下面择要列举六个方面的精神层面文化成果。

1.民族精神

民族精神是在长期的生存和发展中，一个民族积累形成的精神特质，它支撑着这个民族的团结一致以及面对风险与挑战时不屈不挠的决心。在长达五千年的发展历程中，中华民族塑造了一种以爱国主义为中心的伟大民族精神，这一精神强调团结、和平、勤奋、英勇与不断追求自我超越的价值。爱国主义是中华民族精神的核心，深深植根于民族心理之中，成为中华优秀传统文化的精神基因，至今强烈感染和影响着中华儿女。中华民族之所以能够持续保持完整统一并不断发展强盛，主要依靠的是团结统一的坚强精神。尽管历史上有过分裂的时期，但民族的统一

---

①张亮. 走近中华优秀传统文化[M]. 南京：南京大学出版社, 2018.

与团结仍是历史的主导潮流。在中华民族的心中，反对分裂和维护统一的观念已经深深根植。爱好和平是中华民族在处理国与国、民族与民族关系时所表现出的一种高贵精神追求。勤劳勇敢是中华民族的重要精神品质，"业精于勤""天道酬勤"表现了中华民族勤劳的一面，"见义勇为""英勇不屈"则表现了中华民族勇敢的一面。自强不息是中华民族不断发展壮大的精神动力，中华民族生生不息、发展壮大的历史，就是一部自强不息、开拓创新的辉煌史。伟大的中华民族精神，是中华优秀传统文化的重要组成部分。

2.治国理念

在古代中国的治理智慧中，思想体系丰富而精深，尤其是先秦时期的诸子百家，他们的论述中无不渗透着"治国之术"的讨论。儒家学派以"仁""义""礼"为基石，强调"民为贵，社稷次之，君为轻"（《孟子·尽心下》）的民本理念，推崇通过仁慈的治理、王道政治来实现社会的和谐与大同，主张选拔贤能、增进信任和和睦、防止阴谋和维护社会秩序。墨家则倡导"兴天下之利，除天下之害"（《墨子·兼爱中》），提出了"尚同""尚贤""兼爱""非攻""节用""非乐"等治理原则。道家则提倡"治大国，若烹小鲜"（《道德经》第六十章），宣扬"无为而治""小国寡民"的理念。法家的观点则侧重于法治的重要性，认为"奉法者强，则国强；奉法者弱，则国弱"（《韩非子·有度》），并提出了以"法""术""势"为基础的治国方略。其他诸如农家、纵横家、阴阳家、名家等，也各自展现了其独到且深刻的治国哲学。以"德"治国还是以"法"治国，"无为"而治还是"有为"而治，以"民"为本还是以"君"为本，"变法"求强还是"守法"求强，以"农"立国还是以"商"立国，等等，古人都有过系统深入的思考，进行了广泛持久的争鸣，留下了丰厚宝贵的思想财富。诸子百家的治理理念和政策，以及后来者在反思和发展这些思想的基础上，构成了中华民族思想智慧的宝库。

3.传统美德

中华民族是一个非常崇尚道德的民族，古人很早就提出和形成了内容丰富、体系完备的道德规范。以儒家为例，《论语》就提出了仁、礼、孝、悌、忠、恕、恭、宽、信、敏、惠、温、良、俭、让、诚、敬、慈、刚、毅、直、克己、中庸等一系列德目。汉代以后又形成了影响深远的"三纲"和"五常"。客观地说，这些道德规范中，不乏封建毒素和糟粕，但主流是中华民族的传统美德。

中华传统美德内涵丰富，"亲亲而仁民，仁民而爱物"的仁爱精神，"富贵不能淫，贫贱不能移，威武不能屈"的高贵人格，"天下兴亡，匹夫有责"的爱国情怀，"君子坦荡荡"的个人修养，"己所不欲，勿施于人"的处事原则，都是中华传统美德的生动写照。有学者将中华传统美德概括为十项：仁爱孝悌、谦和好礼、诚信知报、精忠爱国、克己奉公、修己慎独、见利思义、勤俭廉正、笃实宽厚、勇毅力行。中华传统的美德包括了在家庭、社会和国家中个人如何行事和立命的道德规范，这些美德是中华民族生存和发展的基石。

4.文学艺术

在中华优秀传统文化中，文学艺术作品数量大、水平高，是中华民族足以为傲的民族宝藏。在文学方面，中国古代文学取得了巨大成就。中国近代学者王国维说："凡一代有一代之文学：楚之骚，汉之赋，六代之骈语、唐之诗、宋之词、元之曲，皆所谓一代之文学，而后世莫能继焉者也。"诚如斯言，至今流传下来的诗经、楚辞、汉赋、唐诗、宋词、元曲、明清小说等众多文学精品，在思想性和艺术性上都达到了世界顶级水平。屈原、陶渊明、李白、杜甫、白居易、苏轼等人的古典诗词，《红楼梦》《三国演义》《水浒传》《西游记》《儒林外史》《聊斋志异》等古典小说，不仅影响了中国，而且影响了世界。另外，《孟子》《庄子》《韩非子》《吕氏春秋》等先秦诸子作品，《左传》《史记》《汉书》《资治通鉴》等历史作品，也都具有很高的文学价值。

在艺术方面，从原始彩陶、青铜纹饰到明清时期的书法绘画，中国在建筑、雕刻、书法、绘画、音乐、戏剧等方面都取得了辉煌的艺术成就。如王羲之、颜真卿、柳公权、张旭、苏轼、黄庭坚、董其昌等的书法，阎立本、王维、黄公望、倪瓒、文徵明、唐寅等的画作，关汉卿、王实甫、马致远、白朴、汤显祖等的戏剧，代表了中国古代艺术达到的高超境界。

5. 历史经验

中国自古以来注重历史记载。国学大师钱穆认为："中国为世界上历史最完备之国家。"他指出，中国历史有三个特点：一是"悠久"，从黄帝传说到今天有五千年的历史；二是"无间断"，特别是有文字记载以来中间没有历史记载的空白；三是"详密"，史书题材非常多。比如，纪传体正史有二十五种，称为"二十五史"；编年史有《春秋》《左传》《资治通鉴》等；纪事本末体史书有《通鉴纪事本末》《圣武记》等；别史有《通志》《续通志》等；政书有《通典》《文献通考》等；学术史有《明儒学案》《清代学术概论》等；杂史有《国语》《战国策》等；史评有《史通》《文史通义》等。这些历史典籍详尽地记录了中华民族在历经风雨中不断自我提高、逐步壮大的历程。它们不仅涵盖了在和平繁荣时期社会进步与成功的珍贵经验，也包含了动荡衰落时期社会不稳定所带来的深刻教训。中国历史上，"文景之治""贞观之治""开元盛世""康乾盛世"等时代社会稳定、经济发展、文化繁荣的成功经验，秦隋二世而亡、汉唐盛极而衰、魏晋南北朝分裂动荡、两宋文武失衡、明清闭关锁国的深刻教训，都详细记录在各种史书中。

另外，中国古代在制度建设、经济发展、变法改革、反腐倡廉、选人用人、修身立德、民族融合、对外交往、国防建设、军事斗争等方面，都积累了极为丰富的历史经验教训。

6. 思维方式

思维方式是人们观察世界、认识世界的角度、方式和方法，思维方式的差异是造成文化差异的重要原因。与其他民族相比，中华民族有着独特的思维方式。中国传统的思维方式有以下几个特征。

（1）重整体

庄子说："泛爱万物，天地一体也。"（《庄子·天下》）明代王守仁说："天地万物为一体。"清代陈澹然也说："不谋万世者，不足谋一时；不谋全局者，不足谋一域。"（《寤言二·迁都建藩议》）在中国古人的世界观中，对事物的观察和理解始终贯穿着整体性的哲学思想。他们相信，无论是个体还是宇宙间的万物，都并非孤立存在，而是一个相互连接、相互作用的整体。

（2）讲辩证

古人认为宇宙中的一切事物都遵循着对立和统一的规律，只有理解并掌握这种矛盾的辩证关系，才能实现和谐与平衡。老子主张："有无相生，难易相成，长短相形，高下相倾，音声相和，前后相随。"（《道德经》第二章）孔子主张"欲速则不达""过犹不及"。《左传·昭公二十年》也提出："宽以济猛，猛以济宽，政是以和。"这些都体现了讲辩证的思维方式。

（3）尚体悟

孔子说："不愤不启，不悱不发，举一隅不以三隅反，则不复也。"（《论语·述而》）庄子说："蹄者所以在兔，得兔而忘蹄。言者所以在意，得意而妄言。"（《庄子·外物》）禅宗也强调"悟"，六祖慧能就认为："若识自性，一悟即至佛地。"（《坛经》）理学大师朱熹说："至于用力之久，而一旦豁然贯通焉，则众物之表里精粗无不到，而吾心之全体大用无不明矣。此谓物格，此谓知之至也。"（朱熹《大学章句》）这些论述都可看出中国古人对体悟的崇尚。

（二）制度层面文化

在文化结构的层级中，制度文化占据着一个特殊的位置，它位于思想文化与物质文化之中间地带。这种文化体现了人类为了构建和谐的社会关系和规定社会行为而创造的各种体系，包括政治体系、礼仪习俗等。中国的文明源远流长，其深厚的传统文化遗产经历了从原始社群到奴隶制再到封建制度的多种社会形态的演变。在每一个历史阶段，都孕育出了独特的制度文化，它们为维护社会秩序、培育良好的公共道德提供了坚实的制度基础。下面择要列举三个方面的制度层面文化成果。

1.政治制度

政治制度是指一个社会的统治阶级为了实现其政治统治而采取的原则和方式，这些原则和方式通过政权组织来实施。这种政治制度反映了社会的政治关系和政治权力分配。中国古代在国家管理体制、政府机构设置、政策实行措施等方面都探索形成了一些具有民族特色的政治制度，涉及行政、司法、监察、选官、教育、财政等国家治理的各个方面。比如中国古代的选官制度，秦朝以前主要采用世卿世禄制，后来逐步引入军功爵制。汉代采用察举制与征辟制，在选拔官吏的科学性、合理性上有所进步。魏晋南北朝实行九品中正制，一度造成"上品无寒门，下品无势族"（《晋书·刘毅传》）的现象，严重阻碍了人才的科学选拔。隋唐开始实行科举制度，通过考试选拔官吏。科举制度在明清时期走入歧途，产生很多弊端而备受诟病，但它相较以前的选官制度更加公平公正，打破了阶级壁垒，为国家选拔了大量品学兼优的人才，促进了社会进步。

再比如监察制度，据《周礼》记载，中国早在周代便设有治贪促廉的监察官，秦汉以来历朝历代都设有相应的监察机构，形成了较为完备的监察制度，一定程度上减少了贪腐行为，促进了政治清明。科举制度和监察制度等传统政治制度，虽然是阶级社会实行政治统治的工具，但它们的产生和实行一定程度上促进了社会发展，即使对于今天的制度建设依然具有积极的借鉴意义。

2.社会礼仪

中国素有"文明古国""礼仪之邦"的美誉。孔子说："不学礼，无以立。"(《论语·尧曰》)《左传·昭公二十五年》上说："夫礼,天之经也,地之义也,民之行也。"《资治通鉴·周纪一》上说："夫礼,辨贵贱,序亲疏,裁群物,制庶事。非名不著,非器不形。名以命之,器以别之,然后上下粲然有伦,此礼之大经也。"可见中国古人对"礼仪"的重视程度。中国上古时期有"礼仪三百,威仪三千"(《礼记·中庸》),周代"礼仪"更加受到重视,形成了内容丰富的礼仪文化,成为人们家庭生活、社会交往乃至政治活动中言行举止的准则规范,发挥着极为重要的作用。儒家经典《仪礼》《礼记》《周礼》,被称为"三礼",三者记录保存了许多周代的礼仪,是中国古代礼仪制度的蓝本和百科全书,对后世影响极大。

在具体礼仪方面,中国古代有"五礼"之说,以祭祀之事为吉礼、丧葬之事为凶礼、军旅之事为军礼、宾客之事为宾礼、冠婚之事为嘉礼,基本规范了社会活动的方方面面,成为中国古代礼仪的基本架构。在中国古代,礼仪是从西周封建宗法制度中演化出来的,是维护尊卑等级制度的一种工具。到了近代,它的社会危害性日益明显,成为新文化运动猛烈批判的对象,传统礼仪也逐渐被现代礼仪所取代。但传统礼仪表现了中国古代社会礼贤下士、尊老爱幼、谦逊文雅的社会风尚,体现出的人际和睦、社会和谐的价值追求,依然具有当代价值。

3.民俗节日

民俗节日是民族文化的重要组成部分,是民族的一种生存生活方式,也是一个民族的重要文化标识。中国历史悠久、民族众多、疆域辽阔,既形成了中华民族共有的民俗节日,也形成了具有少数民族特色的民俗节日;既形成了全国性的民俗节日,也形成了地方性的民俗节日。它们共同构成了我国千姿百态、丰富多彩的民俗节日文化。我国在长期的历史发展中,形成了以春节、元宵、清明、端午、七夕、中秋、重阳等为代表的传统节日,每个节日都代表了各具特色的传统风俗。

描写春节的诗歌《元日》写道："爆竹声中一岁除，春风送暖入屠苏。千门万户曈曈日，总把新桃换旧符。"描写重阳节的诗歌《九月九日忆山东兄弟》写道："独在异乡为异客，每逢佳节倍思亲。遥知兄弟登高处，遍插茱萸少一人。"这些著名诗歌生动形象地反映了中国传统节日的独特风俗和独特魅力。除了上述影响范围较大的民俗节日外，我国一些少数民族也有着自己民族独特的节日，如彝族的火把节、藏族的燃灯节、高山族的丰收节、苗族的开秧节、壮族的牛魂节、傣族的泼水节、蒙古族的白节等等。随着经济全球化的推进和各国文化交流的深入，传统民俗节日文化受到一定冲击，但其依然有着顽强的生命力和强大的影响力。

（三）物质层面文化

物质文化是指那些以物质形态出现的文化，它们体现了人类在改造自然界过程中的物质成就。这包括了生产工具、生活用品等，都是为了满足人们的生产与生活需求而创造出来的文化产物。这种类型的文化通常具有明确的实用目标，其核心在于满足人们日常生活和工作的实际需要。中国古代物质层面文化内容十分丰富，有学者将其分为十一类：农业与膳食，酒、茶、糖、烟，纺织与服装，建筑与家具，交通工具，冶金，玉器、漆器、瓷器，文具、印刷，乐器，武备，科学技术。下面择要列举三个方面的物质层面文化成果。

1.历史文物

中华民族历史悠久，遗留下来的历史文物众多，它们是祖先辛勤劳动和聪明才智的结晶，是历史的见证、文化的范本，具有重要的历史、艺术和科学价值。我国古代流传下来文物数量巨大、种类繁多，通常被分为两类：一类是不可移动文物，如古遗址、古建筑、古墓葬、石窟寺等，其中的一些重要古迹，已经被联合国教科文组织确定为世界文化遗产。

另一类是可移动文物，如历代的石器、玉器、陶器、瓷器、金属器、石刻、玺印、书画、文献、拓片、笔墨纸砚等，这一类文物的数量更为巨大，诸如后母戊铜鼎、曾侯乙编钟、四羊方尊、马踏飞燕、越王勾践剑、富春山居图、清明上河图等，堪称"国宝"。近代以来，中国历史文物多灾多难，被掠夺、毁坏乃至遗失的不可胜数，造成我们民族文化的巨大损失。

2.传统饮食

民以食为天，中华民族从用火烹制食物开始，就逐渐形成了丰富多彩的饮食文化。据学术界研究，中国古代的饮食文化产生于夏商，形成于周代。《礼记·内则》就记载了周代食物制作的多种方法，包括煎、熬、炸、炖、炙、熏烤等多种形式，显示了当时的饮食文化已经达到了较高水平。随着生产力发展和民族的融合，秦汉、魏晋南北朝、唐、宋等时代饮食文化逐渐发展繁荣，到了明清达到鼎盛。据明清时期《宋氏养生部》《易牙遗意》《饮食辨录》《调鼎集》《随园食单》等饮食文化专著记载，明清时期的饮食种类繁多、做法精致、技术高超，达到了令人叹为观止的地步。

明清以来，传统饮食有八大菜系之说，其色、香、味、形各有特色，是中华传统饮食文化的优秀代表。在传统饮食文化中，茶文化和酒文化历史悠久、地位独特。茶和酒既是饮品，同时又远远超出了饮品的范畴，与人的精神生活、社会生活和政治生活发生重要联系。特别是经文人雅士吟咏歌颂、提炼升华，茶和酒与传统文学艺术一样，具有了艺术的气质，成为中华优秀传统文化中别具特色的文化种类。近年来，"舌尖上的中国"系列纪录片产生巨大反响，使人们充分认识到了传统饮食的博大精深和巨大魅力。

3.传统服饰

服饰是最直观地反映民族特征的文化形式。孔子说："微管仲，吾其被发左衽矣。"（《论语·宪问》）孔子把民族服饰的不同视为民族文化的不同，进而视为民族的不同。中国古代服饰文化有两大特点：一是历史悠久，变动不居。中国早在旧石器时代就产生了服饰文化，随着社会的进步而不断发展。在二十五史中，有10部正史编有《舆服志》一章，详细记载了历代车旗服饰制度，充分呈现了古代服饰的多姿多彩，是研究中国古代服饰的重要资料。另外，在《西京杂记》《拾遗记》《酉阳杂俎》《炙毂子诗格》《事物纪原》《清异录》等书中，也有许多关于中国古代服饰的记录。20世纪，著名作家沈从文著有《中国古代服饰研究》一书，研究了从旧石器时代到清末的古代服饰，并配有图像700幅，从中可以看到中国古代服饰的总体风貌。

二是多姿多彩，富有特色。中国是一个统一多民族大国，因地域、气候和习俗的不同，服饰文化多姿多彩。但与世界其他民族的服饰相比，中华民族的服饰总体风格与民族气质、审美品格一致，表现出含蓄雅致、美观大方、内涵丰富的特点。虽然今天中国人的服饰文化已经发生了翻天覆地的变化，但以汉服、唐装、旗袍等为代表的传统服饰文化是一个巨大的文化宝藏，仍有着永恒的魅力。

综上所述，中华优秀传统文化的内容是极为丰富的，上面仅列举一些主要方面。除此之外，中国古代在语言文字、科学技术、中医中药、教育教学等方面都取得了巨大成就，都是中华优秀传统文化的重要组成部分。

三、传统文化对思想政治教育的借鉴作用

（一）有利于提高人们的思想道德素质和科学文化素质

1.促进人们形成正确的政治心理、政治态度、政治思想

政治心理、政治态度和政治思想都属于政治文化，这些元素构成了政治文化的核心内容。而思想政治教育在塑造健康的政治心理、政治态度和政治思想上起着至关重要的作用。具体而言，它对于构建积极的政治文化及推动社会主义文化的繁荣发展具有不可替代的促进作用。这些元素构成了它的核心内容。思想政治教育在塑造健康的政治心理、政治

态度和政治思想上起着至关重要的作用。具体而言，它对于构建积极的政治文化及推动社会主义文化的繁荣发展具有不可替代的促进作用。

第一，有利于促进人们形成正确的政治心理。政治心理关注个体在社会政治背景下的心理反应和态度。它构成了政治文化的初步阶段，体现为非结构化的文化表达形式。通过教育传播政治理论，可以引导人们接收政治信息、激发政治情感、确立政治信仰以及塑造政治心态，对构建健康政治文化具有关键作用。这种教育方式是培养正确政治价值观的重要策略，也是实现个体在政治上的社会化的关键途径。将文化要素整合进政治教育，既有助于强化社会主流情感和正向心理状态，增强对政治体系的支持；也有助于调节和指导消极情绪，缓解社会矛盾，确保政治体系的平稳运行。

第二，有利于帮助人们树立正确的政治态度。政治态度是个人在社会政治环境中所展现的政治意识、价值观和理念的集合。它由三个要素组成：政治认知、情感和政治动机。在引导人们塑造积极健康的政治态度时，思想政治教育扮演了至关重要的角色，成为帮助人们建立正面政治立场的关键方式。通过将文化元素融入政治教学过程中，可以更有效地促使个体吸收政治理论，接纳政治价值，并设立政治目标，进而系统地、有方向性地培育出积极的政治态度。

第三，引导正确的政治思想对于社会至关重要。政治思想是人们在社会政治生活中形成的政治观点和见解的集合，它反映了人们对社会政治生活的自觉、系统的认识，是政治文化的核心。在政治思想体系中，每个阶级，特别是占据统治地位的阶级，都有自己独特的政治思想体系，民众在这样的体系下长期生活，会塑造出与所处社会相适应的政治观念。思想政治教育在这一过程中起到了关键的作用，将社会主义文化融入思想政治教育中，有助于宣传和教育社会主义思想，使人们接受并认同这些观念，从而引导他们树立正确的社会观念，培育成为社会主义建设的支持者和实践者。

2.促进人们树立正确的世界观、人生观、价值观，坚定理想信念

世界观、人生观和价值观构成了人的内心世界，这些观念塑造了个体对宇宙、生命和社会关系的认知与判断。它们在塑造一个人的精神面貌和伦理标准方面发挥着核心作用。培育正确的世界观、人生观和价值观是思想政治教育与文化发展努力实现的关键目标。每种文化都富含指导价值观念的元素，这些元素对于培育正直的价值观和坚定的信念至关重要。通过将思想政治教育与文化融合，可以让人们在接受文化的过程中自然而然地吸收其中蕴含的价值观念，从而无形中养成社会所期望的道德素质，帮助人们树立坚定不移的立场、信念和追求。

3.增强人们的爱国主义情感，弘扬和培育民族精神

以爱国主义为核心的民族精神，长久以来，一直是中华民族团结奋斗的一股强大动力。它是凝聚全国各族人民共同实现理想的精神支柱，激发着人们为国家、为民族的共同繁荣而不懈努力。强化爱国情感，积极培养和弘扬这种伟大的民族精神，不仅构成了思想政治教育的核心任务，也是文化建设的重要使命，是推动社会向前发展不可或缺的精神力量。

4.提高人的综合素质，实现人的全面发展

人的综合素质是指一个人在多个方面所展现出的能力与品质，这包括了德、智、体、美和劳等各个层面。这些能力的提升并非仅仅依靠学校教育和专业培训，许多时候它们还需要通过日常文化的熏陶来加以提高。在人的各种素质的培育和增强过程中，思想政治教育与文化建设起着至关重要的作用。文化的影响力无处不在，它渗透到人们的日常生活之中，无形中塑造并提升个人的综合素养，同时在人们的内心世界产生深远的影响。个人的思想道德、性格特质以及道德情感等方面的形成和发展，在很大程度上都受到周围文化氛围的滋养和影响。因此，将思想政治教育和文化融入结合起来，对于促进人们的思想道德素质和科学文化素质的全面提高具有重要意义。它有助于培养出德、智、体、美、劳全面发展的人才，为社会主义建设贡献力量。通过这样的文化融合，不仅能够推动人的全面发展，还能够实现社会整体素质的提升。

（二）有利于推动思想政治教育的改革创新

1.文化融入为思想政治教育提供了新载体和新形式

随着改革开放的深化和社会主义市场经济的完善，人们的思想和价值观发生了显著变化。这种变化要求思想政治教育和文化发展进行相应的调整。在新时代，传统思想政治教育需要探索新的实施方式和方法，而文化建设恰好满足了这一需求。通过传播特定的社会价值观，文化能够激发人们的斗志和热情，鼓舞精神，调动积极性，推动人们致力于建设有中国特色的社会主义。因此，文化不仅是思想政治教育的有效形式，也是其有力工具。文化载体的创新及其在思想政治教育中的应用，为加强和改进思想政治教育创造了有利条件。

文化建设的多元性展现在其丰富的内容和多样的形式上。包括展览、讲座、竞技、博物馆、图书馆和宣传栏等活动，这些活动有效地实现了思想政治教育的目的。它们以其生动活泼的特点，引发了人们的参与热情，容易被大众所接受。文化活动将教育和娱乐融合，通过文化的教化、享受和感召，不断提高公众的文化素养、思想境界和道德水准。这些文化建设的载体和形式，不仅使思想政治教育变得更为形象生动和有趣，而且促进了它与经济社会发展的紧密融合，增强了其吸引力和感染力，从而催生了思想政治教育的新局面，充满活力且独具特色。

2.文化融入丰富了思想政治教育的内容、方法、渠道和环境

推动社会主义文化的发展，本质上是摒弃陈旧的、不合时宜的文化观念，代之以进步的社会主义文化。这一进程包含着塑造新型文化、确立社会主义核心价值观、培育新时代精神等多方面的挑战。这些挑战既是对文化建设的考验，也是思想政治教育必须面对的议题。深入研究这些问题，有助于推动社会主义文化的兴盛，继承和弘扬中华优秀传统文化。通过这种方式，我们可以丰富思想政治教育的内涵，改善其实际操作方法，拓宽其传播途径，进而提高其针对性与实效性。

文化建设深化了思想政治教育内涵，使得教育内容更加多元和丰富。传统教育着重于塑造公民的政治观念和理想信念，这些观念和信念深刻塑造了个人的思想和行为，构成了教育的基础。然而，个人思想和行为还受到诸多其他因素的塑造，包括伦理道德、价值观念、社会心理和个人素养等，这些因素的互动与社会主义文化的进步紧密相关。通过推动优秀文化的壮大，我们确保人们的思想信念、社会精神、道德行为、心理状态和习惯等能与社会需求保持和谐，同时唤醒其内在动力，增强思想政治教育的穿透力和成效。

文化建设为思想政治教育提供了更多元化和丰富的手段。社会主义文化建设的发展使得思想政治教育方式更为多样化，从传统的以表彰、奖励、汇报和谈话等形式的单向"灌输"转变为更具隐性、互动性和渗透性的教育方式。文化建设的手段因其生动、形象、直观和强有力的影响力，更注重营造良好的文化环境和氛围，从而更容易吸引人、易于接受。这种教育方式使思想政治教育更具实效性，能够在悄无声息中影响人们的心灵，从而使他们潜移默化地形成特定的意识和行为。这样的手段使思想政治教育的影响力更为持久和深远。

文化建设对于创造有益的思想政治教育环境至关重要。工作、学习、生活以及社交场所构成了人们的基本活动空间，这些空间不仅是思想政治教育的基础，也是其进行的必要场所。良好的文化背景是思想政治教育存续的关键，它的价值在文化的进步中得以彰显。实际上，每项思想政治教育活动都不离开特定的文化背景，它传递的理念和意志文化化了。若没有文化背景的支撑，思想政治教育将难以显现其应有的效果。文化是时代精神的映射，而思想政治教育的目的在于使人们领悟和把握这种精神。推进中国特色社会主义文化的发展，建立积极社会主义文化体系，不仅优化了人们的工作生活环境，而且为思想政治教育提供了优越的氛围和条件，通过先进文化的教育，能够培养和塑造人们，提高他们的文化质量，增强道德和精神的素质。

第二节　中华优秀传统文化的重要思想与精神

一、儒家思想的发展历程与重要影响

儒家文化是中国传统文化的重要组成部分，儒学也是我国历史发展最悠久的学派之一。儒家思想从创立起经历了几千年的历史变迁，在我国古代封建文化中扮演着重要角色，并随着社会发展、生产力的进步不断地适应统治者的要求和普通百姓的物质文化需要。下面笔者将对儒家思想的发展变化进行具体论述，并对儒家思想对中国的影响进行初步分析。

（一）儒家思想的产生及发展

孔子创立的儒学传承至今已有2500余年，它随着社会的进步与生产力的增强，在不同历史阶段展现出多样化的面貌。本文将分析先秦、两汉、宋明以及清朝等关键时期儒学的内涵及其演变。

1.先秦时期

在春秋时期的晚期，孔子诞生于鲁国的陬邑（现今山东省曲阜市），约公元前551年。那是礼乐制度逐渐瓦解，天子权威衰落，各地诸侯争霸的时代。孔子针对这种混乱局面，研究周代的礼制，提出了"仁"的理念，旨在恢复周朝早期的礼乐秩序，并致力于维护当时的社会稳定。孔子对"仁"的定义是"爱人"，这是他从周礼和宗法观念中的孝悌思想中提炼出来的，并将其视为自己思想体系的中心。他认为"仁"要求人们遵循"己所不欲，勿施于人"（《论语·卫灵公》）的原则，并且在追求自己的利益时也要考虑到他人，即"己欲立而立人，己欲达而达人"（《论语·雍也》）。为了实现这一点，孔子建议通过自我克制和回归礼制来实现"仁"，即"一日克己复礼，天下归仁焉""为仁由己"

（《论语·颜渊》）。此外，孔子还规定了个人在社会中的行为规范，即"非礼勿视，非礼勿听，非礼勿言，非礼勿动"（《论语·颜渊》）。这样，孔子在春秋晚期创立了儒学，为后世留下了深刻的文化遗产。

孟子与荀子作为儒家思想的继承与发展者，各自阐述了对于儒家理念的独特见解。二者均处于战国时期，这一时期较之孔子时代的春秋末期，社会状况更为混乱，战乱不断，导致传统的社会结构瓦解，而新的秩序尚在形成中。将儒家学说总体分为"政治"与"教育"两大类别，孟子更注重政治层面，强调"仁政"的重要性，倡导以道德引导取代利益驱动。相较之下，荀子更强调教育作用，尊重师道，并重视礼仪，他提出"礼"是规范个人行为的准则，"师"是维护礼制的重要角色。荀子还强调"礼"是法律的基础，是各类规范的灵魂，因此学习的终极目标是掌握礼仪。显然，这一时期的儒家思想主要强调仁义与礼乐，表现出浓厚的理想主义色彩。然而，这种主要依赖于统治者的道德自律和个人品质的政治理念，在当时社会动荡、礼乐制度崩溃的背景下，与社会现实相去甚远。

在公元前221年，秦朝成立并开始实行以法家理念为核心的治理体系。在此过程中，发生了著名的"焚书坑儒"事件，导致儒家学说遭遇前所未有的冲击，其地位在文化史上受到了重创。

2.两汉时期

在秦朝衰亡之际，众多百姓加入了反抗秦朝暴政的起义，最终刘邦——即后来的汉高祖——推翻了秦朝的统治，稳固了天下，建立了汉朝。汉朝在成立之初，借鉴了秦朝的失败经验，采纳了道家的"无为"理念和"休养生息"策略来治国。尽管汉朝推崇黄老的"无为"思想，但它也高度重视儒家学说，尤其是其在保存和传承历史文化教育方面的作用。儒家经典，如《诗经》《尚书》和《春秋》等，都得到了统治者的称赞和重视。

汉武皇帝继位之后，听从了董仲舒的意见，执行了"废黜百家，独尊儒术"的政策，并成立了"五经博士"之职。废黜了那些不尊六艺、不学孔子之术的大臣。值得关注的是，董仲舒所推行的儒学已经与先秦的儒学有显著的区别，这是他和汉代初期的一些儒生在先辈的思想基础上发展起来的儒学。这种儒学融合了道家、墨家、阴阳家等其他学派的优点，成为董仲舒心中的理想儒学。这种儒学主张"天人合一"的理念，显然与先秦时期孟子的施仁政、荀子的礼法并重的思想不同。但这种理论不仅继承了先秦时期的理论成果，还吸纳了墨家的"兼爱""非攻"理论，同时将阴阳五行学说以及墨家某些带有宗教色彩的理论融入其中。因此，阴阳五行学说也成了汉代以后儒家思想中不可或缺的一部分，为儒家思想的发展注入了新的活力。

随后，儒学的进步步入新境界，董仲舒在推进儒学进度的过程中，不仅在理论上有所贡献，还首次将儒学的理念与政治体制相融合。在东汉时期，儒学既是民众遵守的伦理道德准则，也被融入社会政治法规。但到了东汉末年，政治动荡不安，社会风气日益败坏，原本体系化的儒学逐渐变成束缚个人情感的枷锁。随着儒学的衰落，东汉王朝最终走向衰败。

3.宋明时期

在魏晋南北朝时期，儒学经历了又一波的低潮。唐朝初期，政府积极推广道教，推崇黄老学说；而进入唐朝中期后，佛教与道教的普及对民众及士人的修身齐家产生了深刻作用。那时，地方藩镇割据，集权体制受到严重挑战。在这样的背景之下，不少儒者重新提倡孔孟思想，其中韩愈最为知名。及至宋朝，朱熹的综合成就使他被视为儒学的巅峰，其学派被称为"理学"；至明朝，王守仁以其学说"心学"标志着儒学的又一高潮。

在宋明时代，儒学经历了重生与进展，不仅维持了维护社会政治结构的角色，还使道德修养和伦理教化得到了更广泛的传播。宋明"理学"，由朱熹卓越地体现，推崇个人德性的提高，把荣誉和节操当作生命的一部分，提出了"饿死事小，失节事大"的格言，并鼓励人们追求天理，消灭私欲。与此同时，明代的王守仁和陆九渊共同提倡的儒学思想被统称为"陆王心学"，王守仁提出"心即理也"，主张在实际行动中探求至善，并相信至善源于心灵深处。他对传统的"格物致知"质疑，并提倡"致知格物"，主张通过内省来感知善良和万物。这种唯心主义哲学认为，人性本善，善恶之别在于个人内心，这有利于个体解放，但亦可能助长社会不良风气。

简而言之，在宋明时期，儒学依托集权体制，巩固了其在社会、政治和宗教层面的核心地位。

4.清朝时期

清代儒学逐渐由宋明的性理之学转变为重视考据之学。在这一演变过程中，明末清初的三位儒学家——顾炎武、黄宗羲和王夫之——发挥了重要作用。顾炎武主张实践与应用相结合的学问，提出"经世致用"的理念，并著作《天下郡国利病书》以倡导实学并批判宋明理学。黄宗羲的法治思想和对重农抑商的反对立场，对晚清的变法运动产生了深远影响。王夫之的理论则认为"气"是物质的基础，"理"则是客观规律，提出了"气者，理之依也"和"天下惟器"的唯物论观点，并对朱熹的理学与王守仁的心学进行了批判。清朝中后期，考据学风达到鼎盛，乾嘉学派等学派随之兴起。

晚清时期，外敌入侵导致中国逐步沦为半殖民地半封建社会。儒学家们在此背景下分为三大派别。首先是宋学派，他们提倡"经世致用"，并提出"中学为体，西学为用"的思想，这一思想引领了洋务运动，对晚清政治产生深远影响。其次是维新派，以康有为为首，主张"尊孔复古"，将西方进化论与中国传统儒学相融合，提出进化史观。最后是国粹派，由章太炎、邓实等领军，强调推广中国传统文化，推崇儒家"夷夏之防"思想，鼓吹反清排满民族主义，他们认为古文经学优于今文经学，反对康有为的孔子托古改制说，并批评盲目向西方学习的行为，坚信只有弘扬国粹才能拯救国家，展现出强烈的复古色彩。

（二）儒家思想对中国的影响

1.儒家思想对中国传统文化的影响

自孔子创立儒家学说至今，这一思想体系已经跨越了2500年的悠久历史。不同于单一的学派或宗教经典，儒家传承的是一种包容了中国千年文明精华的多元思想，不断吸收与演变，成为代表中华文化的核心思想。自汉代推崇"罢黜百家，独尊儒术"政策之后，儒家学说在中国各朝代的治国理念和追求稳定中扮演了关键角色。儒家思想在两千余年的历程中经历起伏，但其作为社会主流思想的地位绝非偶然。它融入中国历史的演变，反映了人民的选择，契合了中华民族长期的社会发展需求。

为何儒家思想成为中国传统文化的核心呢？根本原因在于它与古代中国的历史和文化相适应。作为以农业为主的国家，男女分工明确，家族和宗法制度在这样的经济基础下应运而生，而儒家理念与此不谋而合。同时，中国曾长期处于中央集权的封建王朝统治之下，儒学理念恰好满足了统治者治理国家的需求，因此得以推崇。其"修身、齐家、治国、平天下"的主张，正符合古代中国社会的发展需要。

中国自远古以来就享有"礼仪之邦"的称号，这一称号与儒家文化的深远影响密不可分。孔子曾说："朝闻道，夕死可矣。"孟子也有言："舍生而取义。"通过这些思想，我们可以看出，儒家文化始终强调个体对自身品德和修养的追求和提升的重要性。孔子、孟子将道德和真理的追求视为比生命更为重要的存在。这样的理念迅速在社会上形成了一种风尚，人们普遍尊崇道德，重视正义。随着这种社会风尚的持续推动和深化，逐渐孕育出一套精神文明规范体系，即被后人称为"礼"的系统。正是基于这套"礼"的精神文明规范体系，中国被誉为"礼仪之邦"的社会形象得以形成并传承至今。

总的来说，儒学在维护和发展中华文化的历程中扮演了极其重要的角色，它在形成中华民族的精神面貌和塑造民族特性方面产生了深远影响，这一点已经得到了学术界广泛的认同。这也进一步证明了儒家思想在中国的传统文化中占据了一个不可撼动的地位。

2.儒家思想对现代文明的影响

在当代中国，推进社会主义现代化国家的构建和实现中华民族伟大复兴成了一个紧迫的历史性议题。值得注意的是，儒家思想的精髓与现代化的经济、政治体系并非水火不容，而是可以相互促进的。

首先，从民主和科学的角度来看儒家文化，我们可以发现许多有趣的联系。孔子是儒家思想的创始人，他非常重视学习，这一点在他的著作中表现得淋漓尽致。朱熹等宋代学者强调"格物致知"，为现代西方科学在中国的引入提供了基础。尽管古代儒学家倡导的"民本"思想与现代政治理念有所差异，但其价值取向却成为连接古今的纽带。因此，中国近代实践表明，以儒家思想为主体的传统文化能够与西方近代的科学和民主相融合。

其次，第二次世界大战结束后，东亚的儒学文化国家迅速实现了经济发展。进入20世纪90年代，中国通过改革开放政策迎来了经济的快速增长，这展示了一个国家在追求现代化的过程中无须抛弃其传统文化。受儒家文化影响的国家和社会已经证明，它们有能力依靠自己的努力达到现代化。

再次，"兴国安邦"和"长治久安"是儒家文化的核心理念，对我国现代文明的构建有着深远影响。在中国特色社会主义市场经济的驱动下，中国已成为世界第二大经济体，但随之而来的是人们精神世界的空虚感。此时，儒家思想的价值导向恰好满足了当前社会对于道德规范和精神文明的需求，能够充实人们的心灵，丰富他们的精神生活，从而与市场经济相辅相成，共同推进物质文明与精神文明的和谐发展。

最后，在快速发展的现代社会里，人类与自然环境的关系，以及人际互动都已经发生了深刻的变化。在这样的环境下，儒家思想所能带来的稳定效果就显得更为关键了。它不仅提供了一套社会道德规范，还赋予了人们一种文化的认同和归属感，使得人们能够安心致力于工作与学习生活之中。这种独特的文化价值是其他外来文化和宗教无法完全替代的。

在探讨儒家文化时，我们应认识到，就像所有文化传统一样，它既有其积极的一面，也包含着一些不足之处。因此，我们的目标是深入理解并从中吸取有价值的部分，同时识别并舍弃那些不合时宜的元素。对于传统文化的有益成分，我们要积极推广和弘扬，以促进社会的和谐与进步。面对儒家思想中存在的缺陷，我们首先需要做的是直面它们，不应忽视或否认这些缺陷的存在。这种坦诚的态度有助于我们更深刻地理解儒家思想的全貌，并明确哪些是需要改进或抛弃的部分。其次，我们不应该过分关注或强调儒家文化中的负面内容，而应当更多地宣传和强化其中正面、建设性的思想。通过这种方式，我们不仅能够更好地继承和发扬儒家文化的精髓，还能有效地引导社会舆论和文化发展，使之向着更加积极健康的方向发展。

值得注意的是，儒家思想中的精粹与弊端往往不易明确划分。例如，其提倡的集体利益高于个人是合理的，但过分忽略个体价值则属不当；同样，儒家对道德修养的重视值得肯定，但对法律制度关注的不足则是其短板。因此，在评价儒家思想时，我们应采取全面且辩证的视角。

儒家思想自古以来就在不断地演变和适应，它与每个时代的社会背景紧密相连。因此，致力于学习和努力融合当代文化是儒学发展的未来方向，这样才能使我们的传统文化保持活力并得以代代相传。

二、中国传统文化中的人性

在中国哲学的宏大舞台上，对人性的探讨占据着中心位置，构成了伦理思想体系的根基。尤其是儒家学派，它起初就围绕人性的本质展开了激烈的辩论，提出了性善与性恶的两种对立观点。然而，一个引人深思的问题是，对于人性的探究为何会在春秋战国时期达到顶峰，出现了形形色色的人性理论？是否意味着在周朝早期，关于人性的思考并不存在？要解答这个问题，我们必须深入到中国传统文化中关于人本主义的转型。在周朝之前，人们几乎盲目崇拜"天"的意志，而周朝之后，天的绝对权威开始动摇，人类自身逐渐取而代之，掌权者开始着重于礼乐文化在教化中的角色。随着周朝的衰败，越来越多违反礼制的行为浮现，导致了社会秩序的混乱。知识分子们开始集中精力思考如何恢复那和谐稳定的社会秩序，其中如何定义人的本性成为他们探讨的焦点之一。因为社会秩序的好坏，取决于现实中人的行为，这自然而然地将话题引向了人的本源性问题。

早期的儒家思想家们开始深入探讨人性的本质，以期解答人的问题。他们将此思考作为其教育理念的核心。孔子曾言"性相近也，习相远也"，意味着人的天性本无太大差异，但由于外界影响的不同，人的习性出现了显著的差异。孔子没有具体阐述人的天性是善是恶，对此，学者们存在不同的解读。有些人认为孔子主张性善论，但也有观点认为孔孟思想在这方面是一致的，孟子作为孔子思想的传承者，强调性善论，这可能反映出孔子对人性的理解。无论理论争议如何，重要的是"习相远"的观点，这强调了教育的必要性。正如孔子在子夏讨论《诗经》中的"巧笑倩兮，美目盼兮，素以为绚兮"时所说的"绘事后素"，意指在白纸上作画，暗喻教育的重要性。因此，教育成为为人性染色的重要途径，应无差别地普及，并运用正确的教学内容如"文、行、忠、信"来影响受教育者。

孟子继承并发展了孔子的仁学思想，他明确提出了人性本善的观点。他认为，恻隐、羞恶、恭敬、是非是人与生俱来的善良本性，而非后天习得。孟子通过举例说明，无论与孩子及其父母是否相识，人们都会对即将落水的儿童产生惊恐同情的心理反应，这表明人性中的善良不是由外界因素所激发的。他比喻说，人性之善就如同水流向下，是自然而然的趋势。然而，孟子也指出，尽管人性本善，人们在现实世界中容易受到外部环境和感官的影响，导致初始的善良本性偏离。因此，他强调通过教育来找回和培养被忽视或迷失的善良初心，以实现个人的道德修养和社会的和谐。这解释了为何社会中存在不良现象，即便是在天性善良的基础上，人们仍需通过教育和自我修养来克服后天的负面影响，保持和发扬人性的善端。

孟子的理论对人的本性有着深远的影响，后来的学者如董仲舒、李翱、张载、"二程"、朱熹、王阳明等人对其进行了深入的扩展和阐释。特别是宋代的学者，他们对人性的理解更为深入，将人性与天性联系起来进行研究，构建了中国文化中心性理论的宏伟体系。这个理论对中国传统文化和教育的形成产生了重要影响，使其呈现出道德主义的特征，这与西方的性恶论和原罪说影响下的文化传统形成了鲜明对比。虽然我们在此不讨论性善论是不是先验的，但这一假设的重要性不容忽视。

与孔孟不同，告子提出了人性无善恶的观点，而荀子则主张人性恶。告子的人性论对后世影响有限，我们在此关注荀子的观点。荀子在《性恶》篇中对孟子的性善论进行了反驳，认为人性是恶的，人生来就有好利、疾恶和耳目之欲，这些都与礼义相悖。虽然荀子的人性假设不如孔孟那样受欢迎，但他的思想更体现了教养哲学，为教育的必要性提供了重要的逻辑起点和思考空间。荀子的人性恶思想影响了韩非和李斯，他们提倡的法治在一定程度上引导了教育的发展。

无论先秦儒家对人性善恶的看法如何，他们都一致认为"天地之性人为贵"，把人性视为人学研究的核心。在此观念下，他们倡导在礼乐崩溃、争斗不止的社会环境中，培养既有内在修为又具备道德品质的人才。他们对人性的深度探究，不仅开启了中华文明的理论大门，也为各类教育理念的诞生提供了理论依据。尽管现今人类仍在探索人性的深奥，可能还需经历长久的历程，但他们的见解——教育能改变人的存在状态，始终激励着人类追求自我进步和完善。

三、中华优秀传统文化中的重要思想

（一）"重义轻利"的人生观思想

"重义轻利"观念源于战国时代的后期，这个理念探讨了社会伦理和物质利益之间的相互作用。在历史文献中，我们能够找到孔子和孟子对这一观点的阐述。孔子曰："君子喻于义，小人喻于利。""君子怀德，小人怀土；君子怀刑，小人怀惠。"（《论语·里仁》）"饭疏食，饮水，曲肱而枕之，乐亦在其中矣。不义而富且贵，于我如浮云。"（《论语·述而》）孔子对人的分类基于他们对义与利的态度，将重视义的人视为君子，追求利的人视为小人。在他看来，君子把道德和正义看得比个人利益更重要。

孟子也谈道："仁义而已矣，何必曰利；苟为后义而先利，不夺不餍。""君不乡（向）道，不志于仁，而求富之，是富桀也。"孟子提出的重义轻利的理念包含三个核心理念：先利后义、以利说义、先义后利。这三个理念在中国历史的不同时期都有显现。例如，秦始皇时期，过度追求利益而忽视民众福祉，导致了阿房宫的建造和长城的修建，给人民带来了沉重的徭役和重税。汉代董仲舒提倡"正其谊（义）不谋其利"，强调了道德的重要性。近代，《倭仁奏折》中提出"立国之道，尚礼义不尚权谋，根本之图，在人心不在技艺"，进一步阐述了重义轻利的思想。历史上，那些注重民众福祉和国家安全的时代或君主，常被后人铭记和赞颂。在现代社会，重义轻利的理念依然至关重要。在国际关系中，只有遵守交往准则并重视道义的国家，才能在和平中发展。同样，个人间的交往也是如此，只追求短期利益的人，很难建立长久的朋友关系。

（二）"整体主义"的国家观思想

中国传统文化强调的集体主义精神主要表现为推崇"公义"和"公

利"。这里的"公义"是指对国家和集体道义的追求，"公利"则是指国家和集体的利益。这种思想最早在春秋战国时期，就被一些杰出的历史人物提出并倡导，"以公灭私、民其允怀"（《尚书·周官》），"夙夜在公"（《诗经·召南》），"因民之所利而利之，斯不亦惠而不费乎"（《论语·尧曰》），"得天下有道：得其民，斯得天下矣；得其民有道：得其心，斯得民矣；得其心有道：所欲与之聚之，所恶勿施尔也"（《孟子·离娄上》）。民众和国家的利益应当置于核心位置，这是分析社会问题根源及寻求解决之道的重要视角。历史上，这种思想孕育了许多感人至深的故事。探索整体主义理念的内涵与发展，我们认识到整体主义强调的是国家与集体的利益，为了国家的安宁与繁荣，我们可以暂时放下分歧，团结一心。因此，整体主义实质上就是爱国主义的一种体现。

（三）"世界大同"的和谐观思想

儒家学派所倡导的世界大同理念，是其理想社会的最高形态。《礼记·礼运》描绘了一个大同世界的美好画面："大道之行也，天下为公，选贤与能，讲信修睦，故人不独亲其亲，不独子其子，使老有所终，壮有所用，幼有所长，鳏寡孤独废疾者，皆有所养，男有分，女有归。货恶其弃于地也，不必藏于己；力恶其不出于身也，不必为己。是故谋闭而不兴，盗窃乱贼而不作，故外户而不闭，是谓大同。"儒家通过这样的描述，展现了大同社会的具体面貌，强调了人与人之间的互助与共爱，以及每个人对社会的贡献和责任。

人们一直向往着一个没有差异和矛盾的大同社会。历史上，不少先贤哲人也曾提出过有关这一理想社会的设想。东晋时期的陶渊明，就在《桃花源记》中描绘了一个理想化的社会景象；到了洪秀全时期，他则通过《天朝田亩制度》来阐述自己对大同社会的想象；康有为则在他的著作《大同书》中，向世界展示了他的大同理念。

历史思想中，我们可以看到先人们孜孜不倦地寻求一个理想的社会。他们的梦想是建立一个社会财富充足、资源得到合理利用、人才被充分尊重和发挥的环境。这种大同社会的理念，至今仍在激励着我们，成为我们持续奋斗的目标。

四、中华优秀传统文化的基本精神

文化的核心精神是推动文化进展的内在驱动力，同时也构成了引领民族持续发展的基础理念。在中华优秀传统文化的漫长历史发展中，它不断积累并塑造了独一无二的民族特性和民族风貌，概括起来主要有以下四个方面：天人合一、贵和持中、尊亲崇德、刚健自强[①]。

（一）天人合一

所谓"合一"，指相互依存、对立统一。中国传统文化基本精神之一的"天人合一"，是中国人处理人与自然关系时所秉持的基本思想，也是一种关于人及人生理想的最高觉悟与境界。天人合一思想在春秋时就已经出现了，《易传》中说"太极生两仪"，《易经·序卦传》中说"有天地然后有万物，有万物然后有男女，有男女然后有夫妇"，就是肯定了人类是自然界的产物的观点。在战国时代，孟子所论述的"天"基本上是道德天地的意思，其倡导的"天人合一"的理念主要是指人类与道德天地的和谐统一。汉代，"天人合一"思想在董仲舒那里演变为天人感应论，提出"人副天数"说，鼓吹"以类合之，天人一也"（《春秋繁露·阴阳义》），"人之为人，本于天"（《春秋繁露·为人者天》）。所以，人类的所有行为都应当顺应天命，任何违背天命的行为，天灾都会出现作为警告。这样，在董仲舒这里，孟子的"义理之天"成了"意志之天"，且具有了主宰人间吉凶赏惩的属性。

在宋明时期，儒家的"天人合一"思想达到了顶峰，并成为社会主流文化。张载是首位在中国文化史上明确提出"天人合一"概念的人。在《正蒙·乾称》中，他强调了通过明白事理来实现真诚，进而实现天

---

① 杜昀芳,刘永记. 中华优秀传统文化[M]. 北京:新华出版社,2021.

人合一。只要人们能够领悟到人与人、人与物之间存在着密切的内在联系，他们就能达到"民吾同胞"和"物吾与也"的境界。宋代哲人突出强调了天人合一是依靠道德修养和直觉达到的精神境界。所以天人合一不仅包括了人与万物的一体性，还包括了人与人的一体性。

在明清时期，"天人合一"的理念逐渐衰落。尽管明末清初的思想家王夫之频繁提倡"天人合一"的观点，但他的看法已经融入了类似于西方主客二分的思维。

从理论核心的角度来看，"天人合一"体现了中国传统文化的根本宗旨，揭示了人与自然的和谐共生。这一思想凸显了古代中国哲学家对于人与自然、能动性与规律性之间互动的深刻洞察。不过，"天人合一"并非仅仅关注于人与自然的相互作用，它的核心在于"合一"的概念，追求人与自然的一体化，并非侧重于主体与客体的明确界限，也不是单纯强调认识论的重要性。它只是一般性地为二者间的和谐相处提供了本体论上的根据，而还没有为如何做到人与自然和谐相处找到一种具体途径及其理论依据。

（二）贵和持中

中国传统文化的基本精神还包括了"贵和""持中"的思想。注重和谐，坚持中庸，和为贵，追求人自身、人与人、天与人的和谐。"中""和"思想在中国文化中占有重要地位，产生了巨大而深远的影响。

"和"的思想至迟在春秋时期就已产生，孔子对"和"给予很高的评价。他把对待"和"的态度作为区分"小人"与"君子"的标准："君子和而不同，小人同而不和。"（《论语·子路》）老子也提出："道生一，一生二，二生三，三生万物。万物负阴而抱阳，冲气以为和。"（《道德经》第四十二章）认为阴阳相互作用而构成"和"，这是宇宙万物的本质。在此基础上，先秦思想家们把"和"与"合"结合起来。随着"和合"观念的形成，中国文化经由春秋战国的"百家争鸣"，逐渐"和合"形成了儒家和道家两大学派。东汉至隋唐时期，又以"和"为贵的精神，接纳并改造了佛教。

与"贵和"思想联系在一起的是"尚中","和"是中国文化所追求的一种状态、一种理想境界。而达到"和"的手段与途径则是"持中",这个"中"是指事物的"度",是恰如其分,不偏不倚,即"中庸之道,不偏不倚"。

儒家极为重视"和"与"中"。《中庸》云:"喜怒哀乐之未发,谓之中;发而皆中节,谓之和。中也者,天下之大本也;和也者,天下之达道也。""中"与"和"相辅相成,恰当运用,就能达到万事万物的理想状态。所以,守中,不走极端,成为中国人固守的人生信条。

中庸之道被后世儒家进一步概括为世界的普遍规律,成为一种基本的处世之道,由此也就塑造了中国人含蓄、内敛、稳健、老成的独特性格,使得中国人十分注重和谐局面的实现和保持。这对于民族精神的凝聚和扩展,对于统一的多民族政权的维护,无疑起着积极作用。

(三)尊亲崇德

我国幅员辽阔、民族众多,尊亲崇德是维系国家内部各阶层成员和谐关系的主要精神纽带。它有效地促使人们绑定在家庭和宗族范畴内,并将对父母的孝顺转化为对国家的忠诚。这种家国一体的理念使得宗法制度紧密结合了中国政治权力的统治与血缘道德的约束。

尊亲的具体要求就是讲孝悌,"百善孝为先"(清人王永彬《围炉夜话》)。"孝"即尊亲,"悌"即友爱,这两者是传统美德的基础。孝顺父母、敬爱兄长,这样的情感不仅体现在家庭之中,更可以延伸至对国家和民族的忠诚,对社会的和谐共处。家庭中的亲情纽带,放大到社会层面,便成为促进人际关系和谐的重要伦理原则。在中国封建社会,"孝"不仅是家的核心,同时,"孝"与"忠"紧密联系,高度统一。在维护宗法制度方面,"家"与"国","孝"与"忠"看似不同层次、不同概念的两对范畴,却绝对统一起来,绝对一致:因为"家"是"国"的基础,"国"是"家"的延伸。所以,不但要孝敬父母,还要忠于君主。

崇德就是"三不朽",即立德、立功、立言。《左传·襄公二十四年》言:"太上有立德,其次有立功,其次有立言。虽久不废,此之谓不朽。"中国传统文化中,"德"的内涵十分丰富,如仁义礼智信,温良恭俭让,礼义廉耻,忠孝节义,等等。孟子云:"富贵不能淫,贫贱不能移,威武不能屈。"道德升华和人格完善必须通过"正心"和"修身"来实现。据传为孔子弟子曾参所作的《大学》云:"欲治其国者,先齐其家;欲齐其家者,先修其身;欲修其身者,先正其心。"只有做到这些,才能做到"三不朽"。在"三不朽"中,以"立德"最难能可贵,它是中国人超越生命价值的永恒追求,也是成就中国人高尚人格的根本所在。要建功立业,就必须加强道德修养,具备世人推崇的高风亮节。

(四)刚健自强

《周易》云:"天行健,君子以自强不息。"健,是刚健、刚强不屈的意思;自强不息,是积极向上、永不停止的意思。刚健有为、自强不息的精神贯穿了整个中国历史的进程。

《论语·子罕》云:"三军可夺帅也,匹夫不可夺志也。"王阳明在《教条示龙场诸生》中也说:"志不立,天下无可成之事。""志",即崇高理想,是人自强不息的精神动力。立定高远之志后,贵在刻苦努力、坚持不懈,也就是《孟子·告天下》中所说的:"故天将降大任于是人也,必先苦其心志,劳其筋骨,饿其体肤,空乏其身,行拂乱其所为。"只有付出超乎常人想象和承受的辛劳,才能成就非凡的事业,实现人生的理想目标,达到人生的理想境界。追求成功,必须具备在逆境中依然奋斗不止的精神。在中国历史上,诸如文王、仲尼、屈原、孙子、司马迁等都遭遇了不同的苦难,但最终都在不同领域有所作为,都体现出逆境中自强不息的精神。

第三节　大学生思想政治教育的概念与内容

一、思想政治教育概念分析

思想政治教育学科建设经过40年的建设成果丰硕，成绩斐然。学术界一直对思想政治教育的概念进行深入的探讨研究和分析界定，并对其与相关概念的关系进行深入研究辨析，使思想政治教育概念日趋合理完善。

（一）不同学者对思想政治教育概念的不同界定

一些学者从思想政治教育的内容层面界定其概念，认为思想政治教育主要包括思想教育、政治教育、道德教育和心理教育等。如，陈秉公，吉林大学德育科学系主任，在他的著作《思想政治教育学》中，提出了他对于思想政治教育的定义。他认为，思想政治教育是由特定阶级或政治团体发起的，以达成其政治目标和任务。此类教育的核心是政治思想教育，但同时也涵盖思想、道德和心理等多个层面。另一方面，华东师范大学思想政治教育研究中心的邱伟光副主任也对此有所见解。他认为，思想政治教育是一种教育实践，其主要目标是培养和塑造符合特定社会要求的新人思想道德素质。他强调，这种教育形式受到社会经济和政治文化的影响和制约，并涵盖了思想教育、政治教育和道德教育三个领域。

全国思想政治教育专家郑永廷教授则从思想政治教育的性质方面对其做出了概括，他对思想政治教育的性质作了概括总结。他认为思想政治教育是一种实践活动，其具有目的性、超越性。思想政治教育是一种多元且复杂的社会活动，具有多重属性和影响因素。随着社会进步和个体主体意识的提高，其影响力逐渐凸显。郑永廷教授的观点强调了该教育形式的可变性、多样化特点、实践价值以及对社会的深远影响。

还有一些学者从目标和内容相结合的角度对思想政治教育概念进行了阐述。如原华东政法大学党委书记陆庆壬认为："思想政治教育这一社会实践活动，就是一定阶级或政治集团，为实现一定的政治目标，有目的地对人们施加意识形态的影响，以期转变人们的思想，指导人们行动的社会行为。"如果说上述说法主要突出了思想政治教育的政治性、阶级性和意识形态性，那么北京大学仓道来教授则是特别强调了思想政治教育的政治性、阶级性和意识形态性。首先，他认为思想政治教育并非人类社会的通用活动。在原始社会中未曾出现政治教育，而在未来的社会中，也不会有如今所理解的那种"政治教育"。其次，他认为有些学者用"社会群体"这一词语来表达思想政治教育的主体也是不恰当的，抹杀了思想政治教育的阶级性特征。再次，他认为把思想政治教育的内容限定在一定的思想观念、政治观点、道德规范的观点过于狭窄。他认为思想政治教育是一种教育实践活动，要将人们思想行为的变化放在教育的首位，其教育的侧重点就在于引导人们树立正确的政治思想观。因此，他将思想政治教育的概念定义为："思想政治教育是指一定的阶级、政治集团为实现其根本政治目的和经济利益，而对人们进行有意识、有目的、有计划地施加本阶级、本集团思想政治等意识形态方面影响的社会活动。"

华中师范大学教授陈万柏、我国思想政治教育专业的创始人之一张耀灿等学者则是从思想政治教育的本质、主客体关系、内容、目的和功能等方面的视角来对思想政治教育概念进行了界定。他们认为思想政治工作是一种旨在塑造人的思想和道德的社会行为。简而言之，它是通过传播特定的思想观念、政治立场、道德准则，有目标、有安排、有系统地对人们进行影响，以培养符合特定社会标准的思想和品德。这种活动在不同历史时期的称呼可能不同，但其作为社会现象是不容忽视的。事实上，思想政治工作被认为是在各种社会制度中普遍存在的教育行为。

此外，有些学者认为，把握思想政治教育的概念不仅可以通过研究其社会现象来理解其研究对象和实质，还可以从分析其语义逻辑和语言结构的角度来入手。倪素香教授在其文章《思想政治教育概念的逻辑分析》中提出，思想政治教育的概念可以被理解为思想和政治教育，这是广义的思想政治教育，存在于所有阶级社会和国家；也可以被理解为思想的政治教育，这是狭义的思想政治教育，主要强调其政治性。然而，倪教授认为广义的思想政治教育更有助于拓宽视野，推动学科发展，更有助于实现人的全面发展目标。因此，倪教授将广义的思想政治教育概念定义为："思想政治教育是教育者按照教育规律对被教育者进行思想教育、政治教育的过程和活动。从思想教育的角度来看，它包括世界观、人生观、价值观的教育，以及道德观、审美观、健康观的教育；从政治教育的角度来看，它包括政治观念的教育，以及政治参与、政治素质、政治理想等的教育。"

　　作为马克思主义理论一级学科下的二级学科，随着思想政治教育学科的稳定发展，在马克思主义人学思想的指导和影响下，关于思想政治教育的概念界定又有了新的思路，如张耀灿教授在其《对"思想政治教育"的重新审视》一文中，提出"思想政治教育原理"发展要有新的思路，"要开展元理论研究，特别是要自觉推进研究范式的人学转向"。他认为，思想政治教育的界定应当遵循马克思主义人学范式进行改进，可以表述为：这是特定阶级、社会、组织、群体及其成员之间，通过各种渠道进行思想和情感的交流互动，引导个体接受并肯定特定社会的思想观念、政治观点和道德规范，推动个体在知识、情感、意志、信仰和行为方面实现平衡协调的发展，以及思想品德的自我构建的社会性活动。这一理念反映的是"交互主体性"和"以人为本"的精神，旨在弥补"单一主体性"的缺陷，对于推动思想政治教育的良好发展有着显著的积极影响。它强调在进行思想政治教育时，必须尊重并遵循人的思想品德发展规律，注重发挥引导和促进的作用，以达到激发受教育者自我教育和自律的目标，从而实现思想品德的自我塑造，真正做到"教是为了不教"。

通过总结不同时期、不同学者对思想政治教育概念的不同界定，可知，随着时代的发展，经过40年的思想政治教育学科建设，一方面，虽然我们对思想政治教育概念的探讨和研究在不断深入，但对其概念的具体界定仍各有侧重并存在不少分歧。另一方面，虽然这些观点各有侧重并存在分歧，但它们并不是完全矛盾的；相反，不论是何种角度的界定，它们仍有不少相通之处并达成一些基本的共识，如普遍认为思想政治教育是一种指向人的发展的教育实践活动，普遍认同其阶级性和意识形态性等；除此之外我们也可以看出，随着时代和思想政治教育学科建设的不断发展，思想政治教育概念的界定也在不断突破旧的范式，在理论上日趋科学完善，在内容上不断丰富充实，在表述上也更加严谨规范。应以人为本，注重人的全面、均衡、协调发展，注重人的思想道德发展的自觉性与主动性①。

（二）思想政治教育及其相关重要概念的辨析

从思想政治教育的演变来看，"政治工作""思想工作""政治思想工作"等术语均可视为思想政治教育的先前形式。虽然这些词语与"思想政治教育"有所区别，但它们之间存在着密切的关联。为了规范思想政治教育基本概念的精确使用，促进思想政治教育学科更好地发展，我们必须深入研究这些与思想政治教育概念发展相关的重要概念及其相互关系。

关于政治工作、思想工作这两个概念及其关系，目前学界认识基本一致。关于政治工作，福建师范大学社会学研究所所长苏振芳教授将其定义为"一定阶级、政党或社会集团，为实现自己的政治任务，达到一定的政治目的所进行的动员和组织工作的总称"。笔者认为此定义对政治工作所涵盖的内容概括较为简单，不够全面。目前学界普遍认为，政

---

①袁晓妹.人性自由视域中的思想政治教育研究[M].北京:人民日报出版社,2019.

治工作，涉及阶级斗争、政权构建等方面，是特定阶级、政党或团体为了贯彻自身的基本纲领和核心使命而进行的行动。政治工作的范畴具体来说包括组织工作、干部工作、保卫工作、统战工作、纪检工作等。邱伟光、陈万柏、张耀灿等学者在其相关学术著作中则全部使用这一定义。

人们的思维问题来源于多方面，包括政治因素和非政治因素。政治因素涉及思想和认识等方面，而非政治因素则涵盖心理、生活方式等。因此，并非所有的思维问题都属于政治范畴。政治因素导致的思维问题同时属于政治和思维范畴，而非政治因素导致的则仅属于思维范畴。同理，政治工作与思维工作并非完全重叠。例如，宣传、教育、思想建设等既属政治也属思维范畴，而组织、纪检、保卫等则仅属政治范畴。总体而言，政治和思维工作存在交集但也有区别，不能简单等同。

关于思想政治工作的概念，也有许多学者对其做了大量研究。一些学者认为思想工作和政治工作的总称即思想政治工作。不过学界认为其外延太大，普遍不认同这种观点。此外，一些学者提出，将服务于政治的思想教育活动统一称作"思想政治工作"更为恰当。他们认为，思想政治工作的核心是基于政治原则、立场和方向，关注人们在思想、观念和思维方法上可能出现的问题，并开展以引导为主的群众性思想活动。这种工作通常由党领导的群众组织，如工会、共青团和妇联等进行，通过横向协作，广泛收集群众意见，协助宣传部门进行思想教育，确保党的政策和策略得到有效实施。还有观点将思想政治工作界定为受政治影响并为政治服务的思想活动。然而，笔者看法是，这些对思想政治工作的定义都不够全面，且在表述上也不够精确。目前学术界共识是，思想政治工作是政治工作的重要组成部分，主要涉及意识形态领域的实践活动，即政治工作中的思想方面；同时，它又是思想工作的一部分，主要是指思想工作中的政治内容。学者如陈万柏、张耀灿等认为，思想政治工作是政治工作中的思想方面和思想工作中的政治方面的综合，它既不包括政治工作的其他方面，如军事、保卫、纪检等，也不涵盖非政治性的思想工作。他们指出，在思想领域内，非思想性、非政治性与思想性、政治性的内容常常交织在一起，而且在实际生活中，有许多难以明确划分的情况。因此，在开展思想政治工作时，应注重分析具体情况，以恰当地界定思想政治工作的范围。

从上述来分析思想政治工作和思想政治教育这两个概念的关系，必须指出的是，在许多场合，人们把思想政治工作与思想政治教育这两个概念等同起来。笔者认为这种简单的等同观点是不对的，从严格意义上讲，这两个概念是有区别的。目前学界共识是，思想政治工作和思想政治教育均是社会实践中的一部分，它们都是特定阶级或社会群体为实现既定目标而展开的活动，都表现出明显的阶级性和意识形态性等，这是二者的联系；二者的区别在于其范畴和侧重点不同。相较于思想政治工作而言，思想政治教育的范畴较为狭窄，主要关注与思想政治相关的教育实践活动。它是受政治影响的思想教育，也是思想政治工作中的重要组成部分，着重于思想理论的政治培养。因此，我们需要明确区分思想政治教育与思想政治工作这两个不同的概念。

分析及比较政治工作、思想工作、思想政治工作和思想政治教育等几个概念及其相互之间关系，我们得知：①思想工作既包含政治内容，也涵盖非政治领域；相应地，政治工作既包括思想领域，也涉及非思想范畴。人们在思考过程中遇到的问题，其成因既可能源自政治因素，也可能与个人的心理状态、认知水平及生活习惯等相关。因此，并非所有的思想工作都可归类为政治工作。对于那些由政治因素引发的思想问题，其处理既需要思想工作的方法，也离不开政治工作的手段；而对于那些由非政治因素引发的思想问题，只需通过思想工作来解决，与政治工作无涉。同理，政治工作也不完全等同于思想工作，比如党的宣传教育和思想建设等工作同时属于政治工作和思想工作，而党的组织、纪检、保卫等工作就只属于政治工作而非思想工作。总之，思想工作与政治工作虽有交集，但各有侧重点，不应混为一谈。②思想政治工作既不等同于政治工作，也不等同于思想工作，更不是二者的简单相加，它应当被视作政治领域中涉及思想深度的层面与思想领域中关照政治高度的层面的相互融合与相互加强。③同样，作为教育实践活动的思想政治教育，不能和思想政治工作完全等同起来，它是思想政治工作的根本组成部分，受到政治因素影响的思想引导，主要关注理论思想的政治教学。它既不是政治工作的全部，也不是思想工作的全部，而应该是政治工作、思想工作与教育实践活动相关的部分的交叠融合。

通过以上对思想政治教育及其相关重要概念的简要辨析，很容易发现，每个术语的表达范畴与内容都有自己的具体指向。与此同时，随着不断变迁的时代、不断变化的社会需要以及不断发展的思想政治教育学科建设，相关概念的使用要求也越来越严格明确。这就对以后在丰富思想政治教育概念内涵时作出了要求，除了要注意思想政治教育概念以及在其历史演进过程中产生的相关概念之间的联系，还要重视克服思想政治教育概念发展史的局限，坚持事实判断与价值判断相统一，坚持教育内容与教育目标的一致，坚持社会实践的需要与学科理论建设发展的需要相结合，如此，思想政治教育的概念才会更加合理及完善。

二、大学生思想政治教育的基本内容

基本内容是指社会的基本要求、做人的基本品质，它涉及生活的各个方面，贯穿一个人的一生，是大学生思想政治教育中最起码的内容，是基础部分，具有基础性、广泛性和持久性等特征。主要包括以下方面的内容。

（一）中华民族传统美德教育

1. 自强不息教育

"自强不息"这一概念源自《周易》的"天行健，君子以自强不息"，反映了中国古代的宇宙观和人文思想。它深植于我国文化传统，激励着人民奋发向前，努力实现民族复兴。历史上，人类文明的发展从未停歇，人们对自然和社会的认识也在不断深入，形成了持续向前的自强精神，这是现代社会发展的关键民族特质。对大学生进行自强不息的教育，旨在培养他们远大的志向，坚韧不拔的精神，勇敢面对挑战，积极进取，为实现国家的伟大复兴贡献力量。

2.忧患自省教育

忧患意识可以说是一种责任意识，它是个体履行应当承担的社会责任并努力维护社会正常运行的信念和意志。这种意识在社会分化和整合中至关重要，它倡导人们在市场经济中勇于承担风险，追求卓越的成就，并将国家和民族的繁荣置于首位。此外，它还鼓励人们具备以天下为己任的历史责任感，致力于维护国内的安定、发展、团结和进步，保持积极向上、不懈奋斗的精神状态，通过自身的实际行动推动社会进步和民族复兴。

中华民族的传统美德众多，其中包括团结互助的集体主义、勇敢反抗强权的斗志、持续改革创新的意志、务实的应用导向、廉洁奉公的原则以及无私奉献的精神等，这些都是我们先辈传承给我们的宝贵精神遗产，加强对大学生进行这些中华民族的优良传统精神教育，会在不同的层次、不同的侧面磨炼他们的意志，完善他们的人格，提升他们的精神境界。

3.中国革命传统教育

中国传统文化主要是在中国共产党领导下，在领导中国人民进行长期斗争的过程中形成的，它是在党的培育下，通过一系列事迹、思想、作风、道德和信仰体现出来的。这一传统是中国共产党领导下中国革命和建设实践的产物，是我党战胜困难、取得胜利的重要法宝，这一优秀传统包含着极其丰富的内容。

第一，中国历史中的英雄奋斗事迹，作为中国传统文化的核心组成部分，是传统教育的基础。这些英雄的事迹和中国的历程，虽然不能直接等同于传统文化本身，但作为传统文化的重要载体，构成了进行传统教育的基础。第二，中国的思想、道德和作风的产生和形成，是精神上或思想意识上的体现，构成了传统精神教育的核心和重点。第三，在中国革命中形成和确立的纪律和制度，也是革命传统教育的重要内容。

在高校进行革命传统教育的过程中，要结合不同的形式，依靠不同的载体，培育和强化大学生追求真理、矢志不移的奋斗精神；全心全意为人民服务、甘为孺子牛的公仆精神；大公无私、先人后己的牺牲精神；紧紧依靠群众、永不脱离人民的团结精神；不唯书、不唯上，一切从实际出发的求实精神；勇于自我批评、严于解剖自己的自律精神；等等。通过这些革命传统的教育，使大学生的思想境界得到升华和净化，促使他们成为一个高尚的人，一个有道德的人，一个有益于人民的人，并在奋斗、奉献中使自己的人生价值得到升华和实现。

（二）理想信念教育

理想是人们在现实实践基础上形成的有实现可能的对未来发展前景的设计和想象。信念是为了实现这一理想而在内心形成的高度认同和持之以恒的内在动力。理想分为个人理想和社会理想，不管是个人理想还是社会理想以及由此而形成的信念，都能为人指明前进的方向，提供强大的精神动力，鞭策人们奋发图强。大学生是青年人的代表，是青年中拥有现代科学知识的群体，是建设社会主义现代化国家的中坚力量。大学生的成长成才离不开正确的个人理想信念的确立和社会理想信念的指引。只有有了理想信念的支持，大学生才能在国际社会纷繁复杂的环境中保持正确的政治方向，才能不断地激发出更多的建设热情，才能更好地为社会发展贡献力量。在我国目前的发展阶段，我们致力于构建有中国特色的社会主义，旨在打造一个富裕、强大、文明、和谐的现代社会。这一目标得到了我国各族人民的广泛认同和积极响应。将我们的国家建设成为一个社会主义现代化强国，是大家共同的愿景和追求。而中国特色社会主义共同理想和共产主义最高理想的确立建立在马克思主义对人类社会一般规律的认识和把握基础上，要使大学生深刻认识共同理想和最高理想，必须学习马克思主义基本理论，坚定马克思主义信念。

1.马克思主义信念

马克思主义信念的确立建立在对马克思主义理论体系的学习和认同基础上。马克思主义理论体系包括三大组成部分：马克思主义哲学、马克思主义政治经济学和科学社会主义。马克思主义哲学体现了辩证法与历史唯物主义的一致性，阐释了自然界、社会和人类思维的根本法则，构成了无产阶级的世界观和方法论。马克思主义政治经济学揭露了资本主义生产关系的实质，分析了资本主义经济危机的周期性，揭示了生产关系一定要适应生产力发展的规律，得出了资本主义必然灭亡、社会主义必然胜利的结论。科学社会主义是在批判认识空想社会主义理论的基础上，根据历史唯物主义的观点创立的符合社会发展规律的关于无产阶级革命和建设的科学理论体系。对马克思主义基本理论知识的学习能使大学生深刻认识马克思主义经典著作分析人类社会发展规律的缜密逻辑思维，能加深对社会发展规律的理解，能坚定马克思主义信念，能更好地理解和自觉践行中国特色社会主义的共同理想和共产主义的最高理想。

2.中国特色社会主义共同理想

中国特色社会主义是我们的共同理想。这是我们在长期的革命和建设实践中得出的结论。民主革命时期，帝国主义、封建主义、官僚资本主义三座大山牢牢压在中国人民身上，民族资产阶级探寻发展资本主义道路的尝试一次次失败。这表明，资本主义道路在中国行不通。十月革命的一声炮响给中国人民送来了马克思主义。中国共产党领导中国人民进行了伟大的新民主主义革命，建立了中华人民共和国。社会主义道路是在当时的历史条件下唯一正确的选择。1956年年底，社会主义制度在我国基本确立。在长期的共同努力下，我们逐渐明白了一个基本事实：尽管我们的社会主义事业已经取得显著成就，但目前我们所建设的社会主义仍属于不发达阶段，即所说的社会主义初级阶段。在这一认识上，我们需要坚持两个原则：首先，我们必须明确我国社会已经进入社会主义时代，坚定不移地走社会主义道路；其次，我们必须立足于社会主义初级阶段的客观实际，循序渐进，不得急于求成。社会主义是一个漫长的历史过程，人们对社会主义的认识和实践要有一个探索的过程。在当前阶段，我们专注于经济发展，秉持四项基本原则，推进改革开放，以解放并发展社会的生产力，加强社会主义制度的稳定性与完善，构建社会主义市场经济体系、政治体制、先进文化以及和谐社会，旨在实现一个富强、文明、和谐的社会主义现代化强国。共同理想的教育能引起大学生对社会主义教育的共鸣、能加深大学生对社会主义初级阶段的认识，并能引导其充分发挥推动现代化国家建设的作用。

3. 共产主义远大理想

中共中央、国务院《关于进一步加强和改进大学生思想政治教育的意见》中指出："要积极引导大学生不断追求更高的目标，使他们中的先进分子树立共产主义的远大理想，确立马克思主义的坚定信念。"共产主义是马克思主义伟大导师在深入考察了人类社会变化发展的规律后形成的人类未来社会的蓝图，在那里，每个人的自由发展是一切人的自由发展的条件，每个人的才能都能得到自由而全面的发展。社会主义是走向共产主义社会的过渡阶段，这个阶段采取的各方面的政策，都是为了发展社会主义，为了将来实现共产主义。大学生是社会主义现代化的建设者，是共产主义事业的奠基人，积极引导大学生追求共产主义理想，是高校思想政治教育的内在要求。高校思想政治教育实践中，应注重先进性和广泛性的结合，首先引导大学生中的先进分子树立共产主义远大理想，由其示范作用引导整个大学生群体树立共产主义远大理想。

4. 个人理想信念

大学生的个人理想是大学生在规划自己的生命活动中，建立在现实基础上的、符合社会发展规律的、有现实实现可能的对未来发展目标的设计和想象。个人理想的确立要求个体必须对人类社会发展规律有一定的认识，对自身发展状况和社会对个人提出的要求有深刻的认识，对自身发展需要有清醒的认识。大学生有小学、初中、高中阶段知识的积累，对社会发展规律和自身发展要求已形成一定认识，具备了确立符合社会发展要求的个人理想的条件。因此，教育者要引导大学生深入思考自己的需求和兴趣，进一步明确社会发展趋势，尽早确立个人理想，并能为这一理想的实现而不懈努力，形成坚定信念。

中华民族伟大复兴需要几代人的不懈努力，理想信念就是指引一代又一代人前进的明灯。高校思想政治教育必须高度重视大学生理想信念的确立。马克思主义信念的确立是大学生正确世界观、人生观、价值观的反映，中国特色社会主义共同理想的确立是大学生正确认识社会主义初级阶段、积极跻身于社会主义现代化建设的表现和动力，共产主义远大理想是大学生崇高政治理想的最高表现，个人理想信念的确立和实践是社会理想的有力支撑和具体体现。

（三）道德规范教育

1.道德规范教育的作用及特点

道德规范教育是帮助大学生了解正确处理个人利益与他人利益、个人利益与集体利益关系的行为准则的教育，并在这些行为准则的指导下，将这些准则外化为实际行动和道德习惯。道德规范教育是一种养成教育，它实质上是教导一个人如何成为一个真正的"人"，如何安身立命，这是一种最基本的教育，只有在这一教育的基础上，才谈得上其他的教育。道德规范教育是政治教育、思想教育的起点，只有搞好基本的道德教育，才有可能培养具有正确政治思想、科学世界观的社会主义新人。正如儒家所倡导的"修身、齐家、治国、平天下"，只有自己有了很高的道德修养，才谈得上报效国家，造福社会。

道德规范教育的基础地位是由道德规范的特点决定的。

（1）稳定性强

社会意识形态整体上呈现出一定的稳定性特征，尤其是道德观念，其变化速度相对缓慢，反映了一种深刻的稳定性。当经济和政治结构经历转变时，旧有的道德体系可能会丧失其赖以存在的实际基础，然而，由于这些道德观念已经跨越了漫长的历史时期，逐渐成了人们的习俗和传统，并且与人们的信仰、情感以及民族的社会心理结构紧密融合，这样的习俗和传统因此显得更加不易动摇。

（2）渗透性强

道德规范旨在调整人们的社会行为和关系，主要关注个人在现实生活中对待社会整体利益及他人利益的态度。也就是说，凡涉及现实利益关系，特别是个人利益和他人利益、集体利益的关系和活动，都属于道德规范调节范围。所以，道德规范涉及人们社会生活的各个领域，与人们的日常生活紧密联系、息息相关。

（3）自律性强

与法律规范相比，道德规范主要强调"应当如何行为"与"不应当如何行为"，而非"必须如何做"或"禁止如何做"。道德规范依赖于社会舆论、传统习俗和人们的信念来得以维持，并通过劝诫、说服、示范等手段发挥作用，而并非依靠国家的强制力。

从以上道德规范的特点我们可以看到，由于大学生的日常思想行为大量地表现为道德品质和行为的调适，道德规范可以成为他们正确处理与他人关系的行为指南，因此，道德规范教育与其他思想政治教育内容相比，与大学生日常生活最为贴近，具有其他思想政治教育内容所没有的基础优势。而且，由于道德规范的稳定性和自律性，它对指导大学生正确处理个人与他人、集体之间的关系上具有持久的效力，这增加了道德规范教育作为思想政治教育基础的牢固性。

2.道德规范教育的内容

我国社会主义道德规范体系的核心是服务人民，原则是集体主义，涵盖了对公民进行道德教育的方方面面。

（1）以为人民服务为核心的教育

把为人民服务作为社会主义道德建设的核心，是中国共产党人在伦理思想上的一大贡献。我们党将服务人民确立为基本宗旨，并载入了章程中。长时间以来，党员们秉持这一原则，并逐步推广至广大社会成员，使服务人民理念深入人心，成为普遍遵循的道德准则。

为人民服务也是公民应尽的义务。对他人提供必要的帮助和关心是公民应尽的责任和义务，也就是说，我们在接受他人和社会给我们的服务时，也应尽自己的所能为他人和社会服务，并在服务他人、服务社会的过程中实现自己的个人利益和人生价值。在新的历史背景下，我们必须坚持并推广以人民为中心的道德理念，将其深入到各种具体的道德准则中。我们鼓励人们恰当处理个人与集体、竞争与合作、先富与共富、经济效益与社会效益等问题，倡导尊重、理解和关心他人，弘扬社会主义人道主义精神。我们的目标是为人民和社会做出更多贡献，反对拜金主义、享乐主义和极端个人主义。通过这样的方式，我们可以形成一种反映社会主义制度优势、推动社会主义市场经济健康有序发展的良好道德风气。

（2）集体主义原则的教育

社会主义道德以集体主义为其核心原则，这一原则贯穿于社会主义道德规范的各个层面。在社会主义初级阶段，集体主义的道德要求分为三个层次：首先，在考虑个人和小集体的利益时，不应忽视国家和社会的整体利益；其次，在考虑国家和集体的利益时，也应适当关注个人利益的合理性；最后，当个人利益、小集体利益与国家和集体利益发生冲突时，应主动放弃个人和局部的利益，确保国家和整体的利益得到维护。

这三种层次揭示了从低级到高级的道德层面，与我国社会主义初级阶段的发展状况相契合。当三者利益出现冲突时，主动放弃个人和局部的利益，确保国家和整体利益得到维护，这是集体主义的最高层次，也是社会主义道德的精髓。集体主义原则是适应社会主义政治、经济制度发展规律而提出的道德原则，加强思想政治教育必须贯穿集体主义原则的教育。

（3）公民基本道德规范教育

道德规范是由社会道德要求制定的行为规则和标准，具有普遍的约束力。它基于人们的道德活动和意识形成和概括，旨在引导人们的道德行为，并进一步指导他们的行为向道德化方向发展。公民道德是我国社会主义道德体系的基础，是社会主义道德大厦的基石。

（四）爱国主义教育

大学生是国家和民族的希望，是实现中华民族伟大复兴中国梦的主要力量，他们爱国情感的强弱，将直接关系到社会的进步和发展，关系到整个国家和民族的前途和命运。因此，应着力加强爱国主义教育，以提升他们的民族荣誉感、自尊感、自信心及自我奋发精神，激发他们的爱国热忱与报国决心，为实现中华民族伟大复兴付出努力。

1.爱国主义教育的作用

爱国主义教育在思想政治教育中有重要的作用。第一，有助于大学生培养高尚的道德情操。爱国主义体现了对国家的深厚情感，包括对国土、国民和文化的深切喜爱，对历史和传统的自尊，以及对国家未来的深切关怀。这种情感促使个人将自身的命运与国家的命运紧密结合，愿意为国家的繁荣做出无私的贡献。作为一种道德准则，爱国主义倡导将为国家做出贡献视为美德，同时将任何损害国家利益的行为视为不道德。第二，有助于大学生坚定中国特色社会主义的信念。爱国主义不仅仅是热爱祖国的风光、历史和文化，更深层次的是对我国社会主义制度的敬仰，对中国及其领导的各族人民的坚定信念，对社会主义现代化建设的积极参与，以及捍卫国家的团结统一。在当代中国，爱国主义与爱社会主义在本质上是一致的。爱党、爱国、爱社会主义是统一而紧密联系的整体。在新时期，随着改革开放和现代化建设的深入，走中国特色社会主义道路成为弘扬爱国主义的核心路径。对大学生进行爱国主义教育，能够增强他们对社会主义和中国的热爱，并帮助他们将个人的发展与祖国的未来紧密相连，不遗余力地为国家的繁荣做出贡献。

2.爱国主义教育的内容

爱国主义教育的内容主要包括以下四个方面。

（1）中华民族发展历史

历史是不能割断的，只有懂得历史才能正确地了解现在和展望未来。我们要讲中华民族发展史中的曲折，更要讲近百年来中国的屈辱史，讲现代中国革命史，讲中华人民共和国的艰苦创业史，使人们懂得，特别是使青少年懂得，新中国来之不易，社会主义建设成就来之不易，让人们知道我们国家有今天，多少先烈付出了鲜血和生命，亿万人民进行了多么艰巨的劳动。还应当注重讲杰出人物个人的历史，讲杰出人物、英雄模范的奋斗史、贡献史。因为这样的史料最真切、最实际，也最感人，同时又包含着这些人物的世界观，也最容易引人效法、学习，具有潜移默化的作用。为了实现我们的理想，我们需要学习那些不畏艰难、勇于奉献的精神，通过学习新时期各个领域中涌现出的杰出个体和他们的英勇事迹，大学生能够更深刻地理解历史，把握当下，并对未来充满希望。

（2）中华民族优秀传统文化教育

中华民族拥有五千年的丰富历史，我们的先辈们通过不懈的努力和劳作，塑造了辉煌的文化传统。这一传统不但是民族的精华，也是对高等教育中培育学生爱国主义精神的核心素材。《尚书》中，周武王在《泰誓》里就提出"民之所欲，天必从之"的思想，强调要尊重人民的意愿和要求；古老的《周易》和《老子》充满辩证思想，至今为世界许多国家所研究和运用；而《孙子兵法》和我国古代其他许多兵家的著述，至今被许多国家的军事学院定为必读书，而且被广泛应用于企业和市场竞争，显示出它们的无限生命力。在近代，我们落后了，但在中华人民共和国成立不久，我们自力更生制造出"两弹一星"。我国在尖端科学、尖端医学等方面，有许多重大突破，居于国际领先地位。在全球化的趋势下，各种文化之间的交流和冲撞变得更加普遍和深刻。维持本国的优秀文化传统对于国家的未来至关重要。一些发达国家利用其经济和科技优势，推广所谓的"文化全球化"和"文化一体化"，实际上是在推行文化霸权，试图削弱其他国家的本土文化。因此，引导大学生继承和发扬中华民族优秀文化传统，培养大学生对民族文化的热爱和认同，增强大学生的民族自尊心、自信心和自豪感，使大学生在西方文化霸权主义面前，自觉保护和弘扬本民族文化，维护国家的利益。

（3）国家安全教育

当前国际局势复杂多变，频繁出现地区冲突和局部战争，同时恐怖活动也更加猖獗，这些因素都对世界和平稳定构成了威胁。在这种情况下，新时代的大学生需要加强国防意识和国家安全意识，这应成为爱国主义教育的重要组成部分。爱国主义教育与国家安全教育紧密相连，爱国主义教育是国家安全教育的核心，而国家安全教育则是爱国主义教育的具体表现。国家安全、国防意识反映了国家意识和观念，缺乏国家安全意识会导致缺乏真正的国家意识和爱国情感。在全球化背景下，国家安全的范围已扩大，除了政治和军事安全，经济、科技、文化和信息安全也成为关键。因此，我们需要适应时代，提升国防教育，树立大国防观念，培养科学的国家安全意识。

（4）民族平等团结教育

中国是一个多民族国家，对大学生进行深入的民族平等团结的教育对维护民族团结和国家稳定是非常重要的。我们国家共有56个民族，虽然各民族的人数有多有少，并不均衡，但是各民族之间相互依存，不可分割，并无高低贵贱之分，每个民族都享有相同的权利，履行相同的义务。在进行这一项教育的过程中，首先要让大学生明白56个民族都是优秀的、勤劳的、富有智慧的民族，民族之间没有优劣之分、贵贱之别，谁也离不开谁，各民族都享有平等的权利、履行相同的义务；还要让他们明白只有加强民族团结，才能消除民族隔阂和民族歧视，真正地实现平等。民族团结也是实现国家统一的前提和保证，要让他们了解到民族平等和民族团结是社会稳定、国家昌盛和民族共同繁荣的基础，中华民族是一个同呼吸、共命运的整体，合则兴，分则衰。其次，对大学生进行民族区域自治制度教育，旨在对他们进行民族基本制度教育，在国家的统一领导下，少数民族在聚居的区域内设立自治机关，自主地管理本民族本地区内部事务，行使自治权，从而体现其主人翁地位，发展平等、团结、互助的社会主义民族关系。民族区域自治制度是实现民族平等、民族团结和各民族共同繁荣的制度保障。最后，对大学生进行各民族共同繁荣的教育，要让他们认识到民族地区的现代化与全国其他地区的现代化是密切联系、相互促进的，各民族的繁荣将使中华民族立于世界民族之林，各民族地区的繁荣将使整个国家的社会主义现代化实现；要让他们认识到各民族共同繁荣是指各民族在政治、经济、文化和社会等各方面得到全面发展进步，而不单单指某一方面；要使他们认识到经济发达地区帮助少数民族和民族地区发展经济文化事业是责无旁贷的义务，从而实现共同发展。

总之，弘扬爱国主义精神是中华民族的光荣传统，也是每个中国人的责任与义务。高校除了要做好爱国主义课堂教学工作外，更应当利用网络媒介建立爱国主义教育示范基地，积极宣传爱国主义精神，面对社会发展多样化的趋势，引导学生坚定自己的社会主义立场。以先进的思想政治教育理念代替落后的思想，使爱国主义精神成为推动祖国走上繁荣富强道路的巨大力量。作为高校思想政治教育体系的重要内容，爱国主义教育体现了社会主义精神文明建设的主旋律，具有划时代的历史意义。

第四节　大学生思想政治教育的历史演进与学科发展

一、思想政治教育概念的历史演进

思想政治教育的理念贯穿于我国悠久的历史之中。思想政治教育这一术语的诞生经历了漫长的发展历程，其实践与认知的结合推动了其不断进化，并在不同历史阶段呈现出多样化的诠释和表述。

为促进对思想政治教育理念的透彻理解及其学科的深入发展，关键在于研究并明了思想政治教育这一概念的起源和演变的历史轨迹。

思想政治教育这一概念的出现与无产阶级政党的活动密切关联。无产阶级自其诞生起就十分重视思想政治工作。虽然马克思主义创始人没有明确提出"思想政治教育"这一概念，但在他们的实践中，对宣传工作、政治工作以及后来称为"思想政治工作"的重视，已经赋予了这一概念应有的内涵①。思想政治工作更是中国共产党领导广大中国人民群众进行无产阶级革命和建设社会主义国家的重要特色之一。可以说，思想政治教育是在中国共产党的领导下，无产阶级在长期的斗争和建设实践中逐渐形成并明确提出的概念。

当马克思和恩格斯在1847年组建了第一个国际无产阶级政党——共产党时，他们在《共产主义者同盟章程》中已明确指出，每个成员都应具备坚定的毅力并致力于宣传工作。恩格斯也多次强调宣传鼓动的重要性，他认为一个新政党能在几年内壮大，在"人民宪章"的旗帜下形成，正是由于它不遗余力地进行宣传鼓动。这反映出无产阶级政党自成立之初就高度重视群众的思想教育工作。在马克思主义的引领下，列宁对宣传工作及理论教育给予了极高重视，并首次提出了政治教育的概念。在建立布尔什维克党时，他提出了"政治工作"和"政治教育"的

---

①李忠红,王贺. 思想政治教育探究[M]. 北京:社会科学文献出版社,2019.

理念。在《怎么办》一书中，列宁明确指出，工人阶级不应仅限于经济斗争，而应积极进行政治教育，提高其政治觉悟。这表明无产阶级政治教育的主要目标是向群众积极传播马克思主义思想和无产阶级意识。列宁通过引入"政治工作"和"政治教育"的概念，进一步明确了教育的阶级属性和政治性质，强调了思想政治工作在无产阶级政治斗争中的重要地位。至此，思想政治教育不仅是无产阶级政治的必要需求，还成为社会主义建设事业的关键组成部分。

二、思想政治教育学科发展

可以从"硬""软"两个维度对学科进行理解。建制意义上的学科是学科的"硬"维度，它主要指学科的组织、制度形态；文化意义上的学科形态是学科的"软"维度。

思想政治教育是马克思主义理论一级学科建设的出发点和归宿。相关二级学科的马克思主义理论的研究成果为思想政治教育学科的发展提供了丰富的养料，通过运用马克思主义的立场、观点和方法，思想政治教育的目标是塑造青年正确的人生观、价值观和世界观。此外，它还专注于探讨和解析当前高校思想政治教育以及思想政治工作的独特性质和运作规律。

美国学者伊曼纽·华勒斯坦指出："每一个学科都试图对它与其他学科之间的差异进行界定，尤其是要说明它与那些在社会现实研究方面内容最相近的学科之间究竟有何分别。"在学科建设中，思想政治教育与德育的关系是最难确定的，它们各自不能形成专门属于自己的研究对象和教育对象，它们把握研究对象的学科立场与学术视野也相同。

作为"软"学科，思想政治教育与德育在性质上相同，共同服务于培养社会主义建设者与接班人。两者在中央文件和领导人的讲话中是一致的，德育涉及思想、政治及品德方面的培养，是学校教育的关键部分，反映了教育的社会性和阶级性。德育与智育、体育等领域相互交织，相互补充，紧密协作，共同致力于学生全面发展。德育就属于思想政治教育。2004年中共中央、国务院《关于进一步加强和改进大学生思想政治教育的意见》指出："学校教育要坚持育人为本、德育为先，把人才培养作为根本任务，把思想政治教育摆在首要位置。"这里"德育为先"与"把思想政治教育摆在首要位置"说明德育与思想政治教育二者一致。习近平总书记指出："核心价值观承载着一个民族、一个国家的精神追求，体现着一个社会评判是非曲直的价值标准。"

作为"硬"学科，德育与思想政治教育不属于同一学科体系，思想政治教育属于马克思主义理论，德育属于教育学。

目前思想政治教育学科建设正在从外延发展转变到内涵提升阶段，从学科建制向提升学科"软"实力上发展，从注重"硬"学科发展转向注重"软"学科发展。在学科建设中，常常会有基础知识方面的困惑。河海大学公共管理学院和马克思主义学院教授金林南指出现今思想政治教育的研究状况："将教育学的核心思路和研究手段引入思想政治教育领域，使得在这一学科的关键词汇中，如教育主体、教育客体、教育工具等概念得以保留。思想政治教育的理论构建，在很大程度上是基于普通教育学的理论体系。尽管人们力图通过强调政治性、意识形态性、阶级性等方面来凸显思想政治教育独有的特征，但其基础定义框架仍源自教育学。有兴趣的同学可以把普通教育学教科书上关于教育的定义与我们现在的思想政治教育这一概念的定义做一比较，我们会发现两者的语言结构大体是一致的。"河海大学马克思主义学院戴锐教授指出，在思想政治教育里的"经典教育学范式"中，思想政治教育学界几乎是照搬了教育学基本理论。如今思想政治教育处于由外延发展到内涵提升的阶段，但还是有待升华。

然而，类似的观点在教育学中也一直存在着。自科学教育学的奠基人赫尔巴特具有创立独立形态的教育学的想法以来，200余年的时间里，教育学是否为一门独立的学科始终受到学术界的怀疑。20世纪90年代华东师范大学教育系教授陈桂生发表了教育学的迷惘与迷惘的教育学的文章，指出了教育学成为别的学科的"领域"。教育学若过滤掉从别的学科嫁接而来的研究范式、迁移而来的研究方法，真正属于自己的东西很少。

　　思想政治教育既是"硬"学科，也是"软"学科。在"硬"学科方面，它已经取得了一定的进展，成为一门组织形态的学科。然而，在"软"学科方面，它还需要更多的努力，包括创造出自己的核心概念，并在学术共同体中建立起共同的信仰和学科范式。

第二章　中华优秀传统文化与思想政治教育的关系和融合价值

当代大学生正处于我国社会转型期和改革的深水期，各种文化思潮泛滥，影响着人们的价值观和世界观。传统文化对于当代大学生树立正确的价值观、养成良好的道德操守、坚定社会主义理想信念、增强爱国主义精神和社会责任感具有重要作用。而当代大学生能否养成正确的道德观和价值观，直接关系到我国的社会主义建设，关系到中华民族伟大复兴中国梦的实现，所以融合传统文化与大学生的思想政治教育至关重要。

第一节　中华优秀传统文化与大学生思想政治教育的关系

一、高校思想政治教育与文化的关联性研究

高校的思想政治教育和文化存在许多相似之处，这些相似之处使得它们之间有了紧密的内在联系。它们在内容上相互补充，在职能上相互兼容，在方式上相互补充，在系统上相互融合。思想政治教育和文化在内在联系上是密不可分的。思想政治教育源自文化，并借助各种文化形式来进行传播。它们共同具有实践性、开放性和共时性等特征。然而，

尽管它们有这些共同点，但思想政治教育和文化各有其独特的运行机制，不能简单地等同起来。

高校的思想政治教育深深打上了文化的印记，它不仅展现了文化的核心价值，而且构成了文化的一个关键部分。这种教育的实施依赖于文化教育的方法和工具。它扮演着文化选择、整合和创造的关键角色，展现了文化的力量，有助于推动高校的思想道德和文化建设，从而增强了文化的凝聚力。

高校的思想政治教育和文化发展，在目标和主体上存在紧密的联系。它们都以人为核心，旨在提升人的素养，推动人的全面成长。它们追求的统一目标在于提高人们的思想和文化的水平，塑造健全的个性，并推进人的全面发展。高校的思想政治教育和文化的发展是互相依存的，前者需要良好的社会文化环境作为支撑，并且不可分割于文化进步的进程；而健康的思想政治教育也能为文化注入新的时代内涵，二者是互相促进的关系。

高校的思想政治教育与文化之间有着紧密的内在联系。思想政治教育始终根植于特定的文化背景之中，其价值追求展现了文化的核心理念，而其细节则映射了文化所倡导的道德规范。思想政治教育与文化建设的关联主要表现在两个层面：首先，思想政治教育是文化建设的基石，它为校园文化的发展提供了理论支持，指引了正确的方向。其次，校园文化还涵盖了价值观、人生观、世界观的教育，以及集体主义和爱国主义精神的培育。

高校的思想政治教育与文化密切交织，其核心理念是通过"文化化人"进行价值判断、选择和传承，并推动文化创新。这种教育既源于现实文化，又超越并重塑了现实文化。可以说，文化本身就蕴含了高校思想政治教育的精髓。

二、高校思想政治教育与文化的互动性研究

在高等教育领域，思想政治教育体系与文化体系虽然是两个相对独立的系统，但它们之间的紧密联系不容忽视。这种相互关联性促使两者互相促进，共同发展，进而构建起一种互利共生的"双向建构"模式。这样的文化与高校思想政治教育之间的互动建设是自然且必要的。优秀的文化为高校思政教育提供丰富理论基础，反过来，高校思政教育的稳定发展也为文化注入新活力。文化不仅贯穿思政教育全过程，影响其产生、发展及转化，同时，思政教育也有选择、激活和创新文化的主动性，通过实践促进文化进步。这样相辅相成的过程体现了二者之间在应然意义上的"双向建构"。

从文化的本质、价值和功能角度出发，高校思想政治教育应致力于文化的建设。它旨在尊重并满足个体的需求，促进人的全面发展。高校的思想政治教育与文化有着不可分割的内在联系，并在推动文化发展中扮演着关键角色。首先，它通过社会主义核心价值体系引导多元化社会文化，在社会中树立社会主义核心价值观的主流地位。其次，教育旨在激发社会成员对文化的自我认识和文化自信，培养他们构建先进文化的能力。最后，高校的思想政治教育强调发掘人的自由自觉本性的价值，培育有道德、有才艺、具备文化创造力的人才，从而推动社会主义文化事业的发展和繁荣。在文化建构过程中，应考虑其时代性和批判性，主导性和适应性，以及开放性、民族性和包容性的平衡。

高校的思想政治教育是一个全面的系统，其不仅仅影响文化环境，更积极地推动文化的进步。这种教育超越了简单的知识传授，深入到文化的塑造、整合和预见。高校思想政治教育在文化整合中扮演着重要角色，它能主动选择、传承并创新文化，实现文化的渗透和创造。在文化领域，高校思想政治教育处于价值导向的核心，通过引导价值取向、维护文化主导地位、指示文化发展方向以及传承和弘扬民族文化，发挥了关键性的作用。简而言之，高校的思政教育不只是传统意义上的知识传授，更是一个文化价值的塑造和引领过程，它在培养文化认同、促进文化交流与融合，以及预见文化发展趋势上发挥着核心角色。通过这种方式，高等教育机构成为推动文化进步和发展的重要力量。

以文化视角审视，可以构建高校的思想政治教育体系。文化在塑造和推动高校思想政治教育中起着核心作用，不仅是重要的组成部分，更是使教育与时代接轨的关键驱动力。因此，为了利用文化进行高校思想政治教育的建设，我们需要充分发掘文化的意识形态功能，为教育活动提供有效的平台和关键路径。在实践过程中，文化已经展示出强大的能量和价值，成为高校思想政治教育的精神支撑和内在动力。

三、中华优秀传统文化与高校思想政治教育的关系

中华传统文化是高校思想政治教育的核心元素，为了提高教育的有效性，它必须深植于中国丰富的传统文化遗产之中。这种文化遗产已与中国人的思维方式、行为模式和社交互动紧密相连，成为国家精神结构的关键部分。中国的文化传统不仅有助于个人品格的塑造与修养，也是高等教育中不可或缺的一部分。它能够与马克思主义和现代价值观和谐共存，并实现融合。因此，在高校教育中整合中国的传统优秀文化，不仅可行而且十分必要，因为它与马克思主义、社会主义及现代大学教育理念相协调。

（一）中华优秀传统文化是思想政治教育体系的教育基础

中华传统文化是进行思想政治教育的宝贵资源。这些文化遗产经历了五千年的历史积淀和选择，在21世纪的今天依然保持着旺盛的活力和深刻的教育意义。现代大学生的学习目标与成长的价值追求，与中华优秀传统文化的教育理念高度一致。

在当今时代，学生们必须内化"以天下为己任"的核心爱国理念与职责意识，这一理念汇集了中华文明的精髓，并作为激励中华儿女不断前行的强大动力。从思想政治教育的视角出发，中国教育能够以深厚的优秀传统文化为基石，实属幸事。通过爱国主义精神的培养，大学生将

更加深刻地认识到自己的历史使命，而基于国家和民族责任所构建的思想政治资源，将直接提高学生的精神追求和思维能力。

在大学期间，学生应当致力于培养严格的个人道德修养和自我审视的习惯。这种对品德的深刻关注植根于我们悠久的传统文化之中。个人修养的目标不仅仅是为了家庭和谐、国家治理和社会安定，而慎独自省是实现这一理想的关键手段。通过自我反省，不断提升道德水平，展现了自律的精神实质。

（二）中国传统文化是思想政治教育功能性的体现

文化天生就拥有教育功能，这一特性源自文化的深层含义。文化是人类的创造产物，同时也承担着对后代性格塑造的重要角色。具体而言，教育在狭义上可以理解为人类学习并接受文化的过程，中国传统文化亦是如此，孔子的《论语》就是古人对文化教育功能的深刻理解，此后中华民族重视文化教育功能的理念便广泛传播。

传统文化的深厚底蕴与思想政治教育之间存在着密切的联系，而这种民族文化传承的普遍性对现代思想政治教育体系的发展产生了一定的限制。作为中华优秀传统文化的继承者，当代大学生在长期的学习过程中已经吸收了许多优秀的传统文化元素，他们的行为模式也深受这些文化的影响。

我们应以科学辩证的眼光审视中国传统文化，因为它是中华民族历经数千年的产物，蕴含鲜明的时代烙印和一定的局限性。在社会持续发展和时光流逝中，传统文化既孕育了积极合理的成分，也包含某些不合理或消极的部分。在高等教育的思想政治教育中，应将其根植于中国民族文化精神，这意味着需对传统民族文化进行深入探究、再认知与评估。这一过程中，我们要创新性地吸收传统文化的价值观并加以利用，以不断丰富和发展这些文化资产。这样，传统文化才能被转化为构建社会主义精神文明和先进文化的重要组成部分。中国传统文化具有独特的渗透性、内省性及实践性特征，这些特性在提升个人的思想道德素质和增强国家软实力方面发挥着关键作用。通过这样的方式，我们不仅能够更好地理解和传承传统文化，还能使其在新的社会环境中焕发出新的活力和价值。

因此，我们需要以科学、全面的视角来理解和把握中国传统文化。我们要秉持"古为今用"的原则，不断推陈出新，从中吸取精华，摒弃糟粕。运用马克思主义的立场、观点和方法，对传统文化进行深入挖掘和梳理，消除其中的消极元素，同时继承并发扬其积极因素。此外，我们还应将弘扬传统文化与培育社会主义核心价值观紧密结合，以促进社会的和谐发展。

另外，一些学者也提出了自己的观点和看法，他们关注于如何将中国传统文化融入思想政治教育中。他们认为，要想使大学生的思想政治教育与传统文化相融合，我们需要从以下几个方面着手：首先，加强制度建设，为这种融合提供坚实的制度保障；其次，增加对传统文化的教育投入，使其在教育体系中占有更大的比重；再次，举办以传统文化为主题的校园文化活动，让学生们在实践中感受传统文化的魅力；最后，注重培养人格榜样，通过他们的示范作用，引导广大学生自觉地接受传统文化的熏陶。这样，我们才能真正实现大学生思想政治教育与传统文化的有机结合。

第二节　中华优秀传统文化与大学生思想政治教育融合的必要性

思想政治教育作为一门学科，它具备深厚的文化内涵和显著的文化意义，这使它成为培育高素质、符合社会需求人才的关键途径，同时也构建了民族与国家精神的核心。在这一教育过程中，无论是其教学方式还是内容安排，都深深根植于丰富的历史文化传统之中，展现出其对历史文脉的尊重和借鉴。在高等教育领域，我们一再强调必须坚持社会主义教育方向的重要性。高校的思想政治教育不仅旨在培养有能力为社会主义事业奋斗的建设者和接班人，还肩负着为实现中华民族伟大复兴贡献力量的崇高使命。

一、提升文化涵养是高校思想政治教育的内在需要

中华优秀的传统文化自古就承载着用文化和道德来教育与启迪人心的重任。随着历史的演变，这些文化传统逐渐转化为中华民族精神的一部分，成为激发智慧和滋养思想的不竭之源。在现代社会，将这份丰富的文化传承融入高等教育中的思想政治教育中，不仅能够强化学生的文化认同感和归属感，也是培养创新人才、推动社会进步的重要途径。通过这样的融合，我们能够为新时代的发展奠定坚实的文化基础，并培育出既有深厚文化素养又有现代视野的人才[①]。

（一）推进高校思想政治教育创新发展的文化根脉

文化属性在思想政治教育中起着核心作用。它要求教育工作必须扎根于文化土壤，从中吸取多元化的营养，以增强教育的生动性和感染力。中华传统文化悠久而丰富，是民族思想文化的基石和灵魂。这种文化传统对新时代高校思想政治教育的创新和发展至关重要，它提供了丰富的教育资源和精神支撑。在当前时代背景下，高校思想政治教育应持续优化，挖掘有价值的视角，并创新性地扩展其范畴和提高其教育质量。这旨在满足中华民族伟大复兴战略全局的需求，以及世界百年未有之大变局带来的挑战。此外，也考虑到多元文化冲突可能对青年学生产生的负面影响，故需进一步提升教育效果。在此过程中，中华优秀传统文化的重要性尤为明显。将其与思想政治教育相结合，不仅可以拓展教育的空间和路径，还可以提高教育的针对性和实效性。这种结合有助于传承和弘扬中华文化精华，同时也为培养有道德、有文化、有纪律的社会主义建设者提供了重要的思想保障和文化支持。

---

①郭园园. 中华优秀传统文化融入大学生思想政治教育的必要性及途径探究[J]. 世纪桥,2023(4):24-26.

首先，中华传统文化为高校思想政治教育提供了丰富的育人资源。儒家学说，在2000多年的封建历史中占据主导地位，其哲学思想和人文精神蕴含着敬业、诚信、友善等核心文化自信理念。儒家的"积极入世"观念，激励人们自我严格要求，持续努力实现目标，对塑造敬业精神产生深远影响。《论语·子路篇》中的"君子和而不同，小人同而不和"，深刻阐述了儒家关于"和"的理念，为社会交往和国际交流提供价值导向，并逐渐演化为当代推崇的"存异求同"。此外，《论语·为政篇》提到"人而无信，不知其可也"，凸显了诚信作为人际交往的根本准则，对于引导大学生培养诚实守信的道德品质至关重要。儒家倡导的最高道德追求是"仁"，其中"仁者爱人"强调对所有人的爱与关怀。通过教导"己所不欲，勿施于人"《论语·颜渊篇》，儒家将个人之爱扩展至对他人的关爱，这种伦理思想成为现代推崇友善品质的重要源泉。道家哲学是中华文明的核心成分，它贯穿了中华文化的发展脉络，并包含了自由、和谐等自信的文化发展观念。这一思想体系强调对自然的尊重和遵循其规律。在构建文化自信和推动国家文化建设中，道家哲学提供了宝贵的指导原则。一方面，通过倡导"天人合一"的世界观，强调人与自然和谐共处的理念，成为现代价值观的基础。另一方面，它鼓励我们按照事物发展的自然规律行事，为当代治理提供了"以民为本"和"无为而治"的思想启示。这些理念不仅帮助中华民族建立了文化自信，还为解决全球性问题提供了理论支撑；同时，法家思想也对法治、公正和平等的构建贡献了重要的理论基础。法家思想在我国的古代历史中扮演了关键角色，得到了统治者的大力推崇和利用。这一思想体系对国家的管理和发展起到了显著推动作用，对我国现代文化建设的进程产生了深远影响。法家倡导法制观念，强调治理国家应依法行事，构建了完备的制度规范和约束机制，目标在于维护社会秩序稳定和国家长期安定。法治精神正是法家思想与现代社会发展需求的契合点。国家积极推广法治精神，将法治理念深入人心，有利于增强文化自信。商鞅等法家代表人物提出的"刑无等级""不赦不宥"原则，彰显了公平、平等的法律执行理念，对当今依法治国实践具有重大指导价值。中华文化的深厚底蕴，自古以来便以其务实致用、厚生爱民的特色著称。这一伦理型文化内含了丰富的价值导向、哲学思考、道德规范以及实践策略。中国悠久的历史中涌现出大量的经典著作、无数爱国英雄、众多传说故事以及杰出的艺术与建筑成就，这些构成了思想政治教育取之不尽、用之不竭的宝贵资源。在思政教育中，若能多角度、多手段地利用这些传统文化资源，就能显著提高教育的吸引力和说服力，进而提升学生的思想政治素养。中华传统文化汇聚了历代文人墨客的智慧，成为中华民族的精神支柱。因此，在进行大学生思想政治教育时，应当融合多元的哲学思想和观点，这将有助于教育资源的丰富，促进学生思想政治素质的全面提升。无论是在社会活动、现代文化发展还是个人修养方面，传统文化都能发挥其独特的价值和作用，实现其最大的潜力和影响力。对于高等教育机构来说，为了更好地达成教育使命，更应注重将传统文化与思想政治教育紧密结合，使之成为培养全面发展、有理想、有道德、有文化、有纪律的社会主义新人的重要手段。通过这样的方式，不仅可以增强学生的文化自信和民族自豪感，还能够激发他们对未来的责任感和使命感，为建设社会主义现代化国家做出应有的贡献。

在大学环境中，进行思想政治教育显得尤为重要。中国丰富的传统文化在历史的长河中形成了深厚的积累，这些文化中既包括了集体主义和爱国主义等积极精神，也存在一些如封建迷信的过时元素。通过对中华优秀传统的学习，大学生能够认识到并深刻体验这些文化遗产，培养出辨别是非的能力，而不是盲目地崇拜或否定古代圣贤的思想。将中华优秀传统文化的精髓和精神融入思想政治教育体系，对于传统文化道德体系的繁荣发展以及提升思想政治教育的实际价值都极为关键。对大学生来说，不断地接触和理解中国传统文化，有助于塑造正确的个人价值观，深化对优良传统观念的理解，真正内化仁爱、守信、正义等品质；

同时，也有助于培育和弘扬以德为先的教育理念。高校应当在思想政治教育中采取恰当且有效的方式，整合中华优秀传统文化，以此丰富教育内容，最大化其价值与影响。这不仅能够促进学生的品德养成，也能够增强他们作为社会成员的责任感和使命感。通过这样的教育实践，可以有效地推动传统文化与现代教育相结合，实现文化的传承与创新。

其次，中华优秀传统文化的融入，可以有效提高高校思想政治教育的引领力。随着互联网和信息技术的飞速发展，青年学生面临着一系列思想冲击，这些冲击对他们的价值观念、思维模式和生活态度产生了深远影响。处于成长关键期的大学生，其价值观和世界观正在形成过程中，但他们的辨别能力尚显不足，易受片面、偏激甚至错误的思想影响。因此，在多元文化的大环境下，高校思想政治教育必须引导现代青年树立正确的价值观。社会主义核心价值观不仅是当代社会主义先进文化的集中体现，更是对中华优秀传统文化中的价值追求，如"格物致知""诚意正心""修身齐家治国平天下"等的继承与发扬。这些价值追求是凝聚当代中华民族向心力的重要精神支柱。因此，促使青年大学生将社会主义核心价值观内化于心、外化于行，已成为高校思想政治教育的时代使命及核心目标。然而，要让正确的价值观真正深入人心，仅靠表面的宣传、说教和灌输是远远不够的。我们还需进一步增强青年学生的人文社科知识储备，丰富他们的精神层面，帮助他们从历史和理想信念的角度审视人生，不断提升道德素质和人格修养。只有这样，我们才能实现预期的教育效果。

大学生们的理想信念根植于他们的灵魂深处，这种信念被中华的优秀传统文化所激发，促使他们将这种信仰融入祖国的宏伟蓝图中，献出自己的青春和力量，推动社会主义建设。爱国主义是传统文化精神的核心，它是对祖国和人民的深情热爱。大学生们应该深入了解国家的状况，进一步巩固他们对理想信念和爱国主义的认同。他们还应该通过研究社会发展的历史，将理论和实践紧密结合，在参与社会实践的过程中，增强自己的公民意识和奉献精神。培育和实践社会主义核心价值观必须与爱国情怀相融合。首先，我们必须传承和发扬传统文化，让爱国情感深入人心。其次，我们必须不断反思和深化，将我们的社会主义核心价值观转化为具体的行动。社会实践为大学生提供了一个独特的教育机会，帮助他们增强责任感。通过这样的实践，大学生能够更好地培养和实践社会主义核心价值观。这些价值观鼓励学生将传统文化融入自己的内心，并在行动中体现出来。在新时代，大学生应该从日常小事开始，比如积极参与"三下乡"等活动，保护环境，关爱弱势群体，通过这些社会实践，将核心价值观内化于心，外化于行，感受其中蕴含着的中华传统文化的内涵。大学生正处于成长的关键阶段，他们富有创造力，是最具潜力和希望的一代。他们的社会主义核心价值观取向是否正确，直接关系到他们的未来发展方向。因此，大学生们应该从自身做起，将社会主义核心价值观付诸行动，提高个人素质，为建设社会主义事业做出贡献，而不是追求虚无缥缈的梦想。他们应该为实现中华民族伟大复兴的中国梦而努力奋斗。

最后，中华丰富的传统文化为高校思想政治教育提供了宝贵的资源，这些文化遗产中蕴含着历代先贤们的智慧与经验，它们对现代教育实践仍具有深远的影响和指导作用。在漫长的中国历史长河中，诸如孔子和孟子等伟大的思想家，不仅塑造了君子的理想人格，而且留下了众多富有洞察力的教育理论和方法。当代大学生的思想特点和变化给思想政治教育带来了新的挑战。为了更好地适应这些变化，现代思想政治教育需要借鉴和吸收传统文化中的教育智慧，不断创新和设计出符合学生实际需要的思想政治教育课程和活动。通过这些努力，可以有效提升高校思想政治教育的质量和效果，帮助学生更好地成长和发展。

（二）推进高校思想政治教育创新发展的内在动力

在历史的各个时期，我们都能发现文化是推动社会和时代前进的关键力量。在现代社会，文化对于国家以及全球的影响力越发显著。每个文化群体都必须重视文化在指引创新、设定标准和塑造模式方面的关键作用。因此，在历史的长河中，大学思想政治教育应当重新审视和评估自己独有的文化特点，并巧妙地运用这一文化优势来促进教育的发展。这种自我反思与调整的过程，不仅有助于深化对教育传统和文化价值的认识，还能激发出文化对于教育创新和发展的深远影响力。

在宏观层面观察，思想政治教育的核心在于将思想与政治的密切结合、民族特征与时代要求的和谐统一，以及历史传承与创新发展的高度融合。对于高校而言，适应时代的演进，思想政治教育的革新与进步，关键在于深化对优良传统文化的挖掘与传承，这不仅巩固了其文化根基，还扩展了文化视野。这样的探索与实践，加强了高校对民族历史、国家发展与社会现状的理论与认同。中华文化丰厚的底蕴为高校思想政治教育提供了新的发展路径，避免了盲目模仿西方教育模式和话语体系所带来的方向性迷失，同时也为其提供了坚实的支撑，使得高校能够更加自信和从容地进行文化交流与选择，吸收和利用有益的文化资源进行自我更新与成长，实现既定的发展目标。在实际操作中，高校思想政治教育致力于传播人类积累的丰富文化遗产，执行其立人树德的核心任务，推动学生全面且自由地发展。在这一过程中，文化的深刻影响不可忽视，它为高校思想政治教育的创新与发展提供着不竭的动力和价值源泉。在探索和发展的道路上，高校思想政治教育积极吸收西方德育的有益经验，如心理学、公民教育等，这些先进的理念和方法在推动教育创新方面发挥了重要作用。然而，这种借鉴并非简单地模仿或复制，而是在教育方法和形式上的一种启示。对于高等教育领域的思想政治教育来说，至关重要的是传承那些能够指引青年成长、推动国家和民族复兴的思维观念、精神动力及社会主导意识形态。这些核心内容才是高校思想政治教育真正需要传递给青年一代的灵魂所在。中华传统文化中蕴含的深厚的民族精神和悠久的历史积淀，为我们的认同提供了基础，并彰显了独特的中国特质。高校在开展思想政治教育时，应当充分利用这一丰富的文化资源来增强教育的文化内涵、色彩和吸引力。如果本可以生动有趣的教育资料仅仅成为政策、文件和语录的简单复制，或者富有启发性的教育内容沦为单调的政治和道德教条，则缺乏魅力的思想政治教育将难以吸引那些思想活跃的年轻人。在这个各种思想、价值观和理念交织、冲撞的时代，我国高校的思想政治教育必须与中华优秀传统文化紧密结合。这样做，一方面是为了完成新时代高校教育的根本任务——立德树人，另一方面是为了培育能够担负起民族复兴使命的新一代。在这个新时代，高校思想政治教育的革新和发展需要注重吸收中华优秀传统文化的精髓，从中获得灵感，并自然而然地将之融入思想政治教育的内容中，实现二者的融合。换言之，将中华优秀传统文化与思想政治教育相结合，是后者发展和创新的需求，也是必然选择。

（三）中华优秀传统文化是应对文化挑战的现实需要

中国有着丰富的文化和壮丽的河山，这些都是爱国主义的具体表现。中国几千年的历史延续至今，其重要原因是民族凝聚力的存在，这种精神力量激发了人们的拼搏精神和斗志，是内心深处的精神支柱。民族凝聚力和民族自豪感紧密相连，如果两者关系出现裂痕，那么社会的核心也可能发生动摇。实现中华民族伟大复兴，需要有斗志的中国人民。自改革开放以来，科技进步和经济繁荣，使得社会主义核心价值观在多元化的环境中遭受冲击。近年来，青年人对西方节日的热情甚至超过了传统节日，崇洋媚外的思想在大学生中悄然蔓延，一些学生认为外国的一切都是最好的，忽视了我国的伟大成就，甚至有些学生否定了中华优秀的传统文化。拜金主义和个人主义也在侵蚀以中华传统文化为基础的爱国主义、集体主义等价值观。在这种背景下，如果在大学生思想政治教育中有效地融入中华优秀传统文化，就能及时有效地遏制这些不良现象。各高校应高度重视中华优秀传统文化的教育，并根据不同大学生群体的特点，开展有针对性的主题教育，这有利于培养大学生的爱国主义精神。

面对世界发展的潮流，人们普遍认为中国要在21世纪文化多元的背景下稳固立足，必须深植于中华优秀的传统文化。从历史中吸取应对文化安全挑战和适应复杂文化环境的策略与力量对我国至关重要。在全球化的大背景下，高等教育阶段的思想政治教育成为维护我国文化方向、应对文化多元化挑战、抵御外部文化影响的重要途径。因此，将中华优秀传统文化融入思想政治教育，对于传播社会主义意识形态、提升青年文化自信、确保国家文化安全，是新时代下的必然要求和客观选择。现代思想与古代文化的衔接是不可分割的，完全脱离过去的现代观念缺乏持续发展的根基。中华优秀传统文化是保持民族精神特点、确定未来文化发展方向的历史基石。因此，要坚定人民信仰、凝聚价值观共识、增强文化自信、建设繁荣的中国特色社会主义文化，就必须以传统文化为起点。面对文化挑战，高等教育阶段的思想政治教育要培养青年树立社会主义核心价值观，也必须坚守中华文化立场和社会主义文化方向，用优秀传统文化滋养青年思想和精神。同时，妥善应对文化威胁、保障国家文化安全对我国的经济、政治、社会乃至整体安全与发展产生直接影响。这意味着我们要将自身文化扎根于国家和民族的历史土壤，运用中华优秀传统文化中的思想和智慧提高文化自觉与价值认同，化解风险，抵御西方文化的冲击。博大精深的中华优秀传统文化包含了深邃的哲学思考、深厚的人文关怀、崇高的道德追求和宝贵的价值理念。深入挖掘和阐述这些精华，并将其融入高等教育阶段的思想政治教育，有助于展现中华文化的魅力，提升当代文化的活力与影响力，有效抵御不良文化对青年的影响，使青年学生以正确的文化观念继续创造中华文化的新成就。

　　文化水平是体现一个国家公民内在修养和文化认知的关键指标。优秀的传统文化教育对于增强大学生这一群体的文化底蕴、提高人力资源的整体水平、推进文化强国的构建，以及应对多元外来文化的挑战扮演着重要角色。我国大学生在文化层面整体表现良好，但也有部分学生忽视了对传统文化的继承，对一些文化价值的适用性持有疑问，缺少对社会主义先进文化的坚定认同。这种态度往往源自文化自信心不足，反映出一定程度的自我怀疑或自大心理。针对一些大学生面对的历史虚无主义、历史事实歪曲、社会主义先进文化被消解的挑战，提高他们的文化认知变得尤为迫切。首先，优化传统文化教育有助于学生更好地维护文化传统，抵御外来文化的消极影响。若学生对本土文化认识不够深入、辩证思维能力不强，就可能受到负面文化的侵害。通过思想政治教育加强文化自信，可以全面提升学生的传统文化修养。其次，加强文化教育有助于学生正确理解历史，对于错误描述历史人物和事件的现象形成有效抵御。例如，通过教育纠正外界对黄继光、刘胡兰等英雄的丑化，捍卫我国的历史进步性，批判资本主义道路的优越性观念。最后，通过思想政治教育强化社会主义先进文化的学习，能够激发学生的理想和奋斗精神，增强对先进文化的认同和信心，从而在意识形态上构建一道防线。

总体而言，中华传统文化的精髓对于滋养高校思想政治教育具有重要意义。失去了这一精髓，思想政治教育将变得失去了根基，犹如干涸的河流和枯萎的树木。无论我们采用何种高科技手段，或是设计多少种教学方法，或者从各个角度进行强化，都因缺乏深厚的思想内涵、悠久的历史根基和广泛的社会共识，而难以发挥其感召青年、汇聚民族力量的核心功能。

二、推动文化传承是高校思想政治教育的自觉选择

中国古语有云"观今宜鉴古，无古不成今"（《增广贤文·上集》）。这句话提醒我们回顾历史的重要性，因为中华文明千年的传承是民族精神的核心。它不仅仅是中华民族自我认同、表达和确认的文化象征，更是面向未来发展的坚实基础。在新时代，高校教育中融入中华优秀传统文化不仅彰显了文化自觉，也是实现自身突破的重要途径。

（一）固本守正，传承文脉的理性自觉

中华文明的优秀传统文化，历经数千年的沉淀与创新，成为中华民族的精神支柱。但近代以来，由于未能及时更新观念，适应时代的发展，传统文化一度成为束缚国家民族进步的桎梏。幸运的是，中国人民掌握了马克思主义的科学世界观和方法论，使得民族思想与文化发展从被动接受转变为主动探索与创造。在对历史积累的民族精神和思想智慧进行深入反思的过程中，中华民族重新发现了其深厚的历史文化自信，找回了曾经失去的文化认同。这一进程对现代高校思想政治教育的形成和发展产生了深远影响，使其在原有的文化特性上，更加自觉和理性地进行文化的传承。思想政治教育，这一针对年青一代的重要活动，深植于源远流长的思想传统中，自阶级社会形成以来便作为一种文化传递方式普遍存在。它与传统文化有着内在的、密切的联系，共同根植于深厚的历史文化土壤。在国家步入新纪元，以强烈的民族文化意识和自信维护中华文明的连续性时，高等教育中的思想政治教育承担着传承文化精粹的重任，致力于培养年轻学生为中华优秀传统文化的传承者和传播者。文化传播是每个国家发展的基石，而对具有深厚文化素养和高等教育背景的大学生而言，他们不仅有必要，更有能力肩负起这一传承中华文化的重任。为了充分利用中华优秀传统文化的教育价值，应将其视为思想政治教育的核心内容。这样，众多优秀的大学生便能积极参与，让中华文化的精髓得到最大化地展现。如果这些优秀的年轻人能主动投入中华优秀传统文化的探索与学习中，那么这对于他们的个人能力提升以及社会的发展都将起到极大的促进作用。在当今这个和平年代，我们更应该居安思危，树立和弘扬爱国精神，将中华优秀传统文化传承下去。在战争年代，无数英雄为了国家和人民的解放事业不惜牺牲生命，他们的行为正展现了爱国情怀。

在高校思想政治教育的创新发展中，应深刻理解并坚守我们的历史思想文化基础，明确国家与民族发展的历史脉络和起点。这样可以确保

中华优秀传统文化在面对时代文化的交汇时能够坚定地保持其地位。通过这样的方式，在传播社会主流价值观和社会主义核心价值观的过程中，青年学生将能够跟随历史的脚步，洞察时代表象之下的本质，以及多元文化思想的复杂性，从而准确理解自己所处的历史位置及其现实与未来的走向，达到高校思想政治教育的核心目标。然而，我们要明白，高校的思想政治教育必须主动汲取中华优秀传统文化的精髓，但目前这种主动性还不够。必须通过持续的教学创新，将理论上的认知转化为实际行动。目前，中华传统文化的核心价值和经典作品尚未得到充分的发掘，也没有与思想政治教育的理论框架建立起稳固的学术联系。传承传统文化的内容和方式、方法、路径在高校的思想政治教育中还不够完善。同时，青年学生参与传统文化活动的体验不深刻，传统文化教育与他们的日常生活联系不紧密，因此，他们对中华文化的理解和反思能力亟须提升。

（二）开拓创新，促进文化转化的发展自觉

高校的思想政治教育领域承载着文化传承的重要任务，对其发展及探索起着关键性作用，这也构成了其核心价值。中华优秀传统文化的融入与创新是推动这一领域前进的核心。要将传统文化融入思想政治教育理论和实践，我们需要从继承和创新相结合的角度出发，既要继承传统，又要在此基础上进行创造性转化和创新性发展，以期待未来的发展。通过挖掘、阐释和话语转换等创新实践，中华优秀传统文化得以与时俱进，与现代文化相结合，从而确保了民族思想文化的持续发展。为了实现中华优秀传统文化的创新转化和发展，需要基于当前的文化基础、媒介和传播方式进行。在构筑"大思政"格局与高校思想政治教育体系的过程中，关键在于发挥高校在青年思想教育中的文化特色，以此作为传承和创新中华文化的支点。高校思想政治教育应视作一种历史性的角色，它必须深化对科学理论的理解，并在此基础上，运用教育资源回应时代需求，维持其活力。这要求围绕学生和教育使命，更新观念，

解决内在矛盾，推动自我完善。推动中华文化的创新转化不仅是高校思想政治教育发展的主动选择，也象征着自我超越的必由之路。同时，作为思想文化的引领者和青年人才的培育者，高校将中华文化融入思想政治教育，不仅促进了传统文化与现代文明的交融与传播，也蕴含了深刻的历史意义和时代价值。

实践证明，将中华优秀传统文化的精髓融入、传承并不断发展，已成为新时代高等教育思想政治教育不可或缺的部分。创新性地阐释和应用这些文化遗产，不仅促进了传统文化的现代转型，使其充满时代特色和现实意义，而且为中华文化繁荣发展注入了新活力。这种教育策略，立足于深厚的民族文化遗产，不断适应民族文化逻辑，为年轻学生提供了强大的理论支撑和思想启迪，帮助他们正确理解所处时代、国家和世界的发展态势。

三、增强文化自信是高校思想政治教育的使命追求

中华优秀传统文化体现了中国辉煌的文明和民族的历史传承。在高校中推广这一传统对于培育社会主义核心价值观具有重要作用，是教育过程中不可或缺的一部分。然而，新时代下，高校的教育体系正面临前所未有的挑战——如课程体系不完善、缺乏校园文化氛围和社会实践机会等问题。当前，高校的传统文化教育正遭遇一系列挑战，为了保护并发展中国丰富的传统文化遗产，采取有效的策略显得尤为重要。在21世纪这个快速发展的时代，我们更应该增强对自身文化的自信心，从深厚的中华优秀传统文化中吸取力量和智慧，促进这些文化以创新的方式得到传承和发展。在这个新时代背景下，大学生的思想道德和价值取向将直接塑造他们的未来行为以及社会的进步方向。因此，高校教育的一个重要使命是培养学生树立并弘扬先进的思想理念和社会精神。社会主义核心价值观在指导高校培养优秀人才以及营造健康文明的校园环境方面扮演了关键角色。大学环境中的各种元素，如校园标语、校训和校园文化氛围等，都是学校价值观的具体体现。但是，随着社会风气的变化，

大学生的价值取向也呈现出多样性，难以形成统一。在身心成熟的关键阶段，大学生往往面临各种心理挑战，这就需要我们加强对他们思想道德素质的培养，以支持他们成为社会的有用人才。当代大学生普遍拥有正面的价值观，但由于他们处于青春期且容易受到互联网上有害信息的影响，加上一些大学在意识形态教育方面存在不足，这导致他们对马克思主义思想的理解尚浅。部分大学生对新闻大事缺乏关注，只关心与自己利益相关的事情；另一些学生则因受到网络空间中错误价值观的影响，过于关注短期利益，忽视了长远的精神追求和社会责任感。这种状况使得一些高校学生的思想道德品质有待提高。大学生的个人发展与国家的进步以及民族的繁荣息息相关，然而现实生活中仍有一部分大学生未能正确理解国家利益、集体利益和个人利益之间的关系。

在新时代，高校思想政治教育的任务是培养国家的栋梁之材，这一职责自然包含了增强年青一代的文化自信。中华优秀传统文化，作为中华民族五千多年文明的基石，不断迭代发展，构成了今天我们的文化生命线。这一传统蕴含着深厚的精神内涵，为新时代增强文化自信提供了坚实的底蕴。因此，在加强文化自信的战略规划中，继承和创新传统文化是核心与根本。

中华文明绵延数千年，其传统文化不仅是国家的文化根基，也是民族认同的重要体现，内含深刻的精神追求。这一传统不仅是历史的见证，更是对历史、现实和未来的深刻理解，为中华民族的复兴提供了强大动力，建立了文化自信的基石。在中国特色社会主义文化的引领下，我们致力于建设文化强国，继承并发展五千年的文化遗产。当前，我们应当挖掘传统文化精华，增强文化自信，推动文化繁荣，并转化为新时代的文化软实力。高校思想政治教育在此过程中扮演关键角色，通过将优秀传统文化融入教学，培养大学生的文化自觉与自信，激发全民族的创新力，推进社会主义文化的进步。这一过程不仅铸就了中华文化的新辉煌，还从国家和民族文化的高度，重新定义了传统文化在高校教育中的价值，指引了教育工作者和学生的历史使命与文化目标。

四、传统文化融入大学生思想政治教育是育人需要

（一）树牢大学生"四个意识"

当代大学生在社会主义现代化建设中是宝贵的人才资源，他们是实现中华民族伟大复兴目标的未来希望。他们需要树立"四个意识"——政治意识、大局意识、核心意识和看齐意识，这对于他们的成长和发展具有重要作用。同时，任何国家的现代化不仅需要先进的科学技术，还需要植根于本民族的传统文化，这可以为他们提供更广阔的视野和更深厚的文化底蕴。随着互联网的持续进步，文化和信息的互动交流日益深入，大学生的思想受到了多元文化和价值观的影响。在形成正确的价值观、坚定信念以及理解人生意义的关键阶段，由于思想、心理等各方面还不够成熟，大学生容易受到负面文化的影响。中华优秀传统文化可以帮助大学生传承民族的"根"与"魂"，在多元思想的碰撞下增强大学生的凝聚力和向心力。

（二）坚定大学生"四个自信"

要成为推动中国特色社会主义事业的重要力量，大学生需要培养强烈的民族自豪感，并始终坚守"四个自信"，树立崇高的理想信念。中华文化提供了强大的文化支撑。作为社会主义现代化建设的中坚力量，必须坚定道路自信。中国特色社会主义理论体系深植于中华优秀传统文化之中，成为全国人民奋斗的共同思想理论基础。在思想政治教育中融入传统文化，旨在强化大学生对当代中国理念和政策的理解和认同，为学生群体构建共同的思想基础，并坚定理论自信。中国特色社会主义制度的最大优势在于中国共产党的引领作用。经过时代演变的中华优秀传统文化，与社会发展需求相契合，也符合国家与人民的利益，通过文化教育可以培育大学生的爱国情感，从而增强对制度的自信。将传统文化融入思想政治教学，有助于大学生深刻把握中华文化的精髓，提高个人

文化修养，同时认识到其与思想政治教育的内在联系以及与社会主义核心价值观的一致性，进而增强文化自信。

（三）培养大学生爱国主义

中华优秀传统文化中蕴含着丰富的爱国精神资源，其中包括许多表达对国家深深忧虑和热爱的诗篇，以及无数为了国家和人民不惜牺牲的英雄形象。这些作品和形象都展现了爱国主义传统的深刻内涵。中华传统文化一直强调爱国主义的重要性，倡导将个人的幸福与国家的繁荣紧密相连。这种爱国情怀作为中华民族的传统美德，在历史发展的每个阶段都扮演了至关重要的角色。不同时代的中国人民都能够肩负起他们的历史责任，为了国家的荣耀而努力，为了实现中华民族伟大复兴的目标而奋斗。在对大学生进行思想政治教育时融入爱国诗篇等中华优秀传统文化元素，能够创造想象空间，激发学生情感，增强他们的民族认同；同时，在新的历史阶段，倡导榜样教育，通过展现英雄事迹，更能点燃学生的爱国之情。

（四）涵养大学生高尚品质

高尚道德品质对于个人全面成长至关重要。高校思想政治教育致力于塑造具有丰富文化素养和优秀道德品质的综合性人才，这不仅是展现国家整体素质的体现，也是社会主义核心价值观内化的推动力。作为思想教育的重要场所，高校通过精神指导，引导大学生在道德道路上做出恰当选择，使他们成为支撑社会高尚道德的重要力量。通过融合中华优秀传统美德和现代社会主义道德建设，有助于大学生养成良好的道德行为，并建立融洽人际关系。这一过程体现了大学生将道德知识转化为自觉行为的能力。在中华的深厚文化传统中，蕴藏着众多对现代生活仍具备指导价值的道德理念。例如，与自然共生的生态智慧，促进人际和谐的社会伦理，强调家族纽带与勤劳节俭的家庭美德，以及个人修养和努力的重要性等。这些道德观念是中华民族历经岁月传承的核心价值观，它们在无形中塑造了每一位华人的思想和行动方式。通过教育的力量，特别是思想政治教育的独特影响力，我们应当引导年青一代，尤其是大学生，去深入理解并实践这些传统的美德，从而提升其个人品质。

（五）健全大学生健康人格

在全球化的背景下，世界各国之间的文化交流日益频繁。互联网等新媒体的兴起和发展，为文化思想的传播提供了更为便捷的渠道。在这样的环境中，越来越多的青年人选择通过互联网来获取信息。然而，这也使得一些消极负面的思想如利己主义、享乐主义等得以迅速传播，对青年人的价值观产生了不小的冲击。与此同时，高校在教育过程中过于注重学业成绩的量化指标，而忽视了对学生多元化的影响和思想道德的培养。这导致了一系列思想道德问题在高校学生中逐渐蔓延。在这样的背景下，个人对于道德价值的需求也变得越来越强烈。中华优秀的传统文化蕴含丰富的道德理念和价值规范，其中包含了深厚的爱国情感、勇于承担责任以及敢于创新的精神。这些思想不仅构成了中华文化的宝贵精神财富，而且在历史的长河中一直影响着中国人的生活方式和行为准则。这种文化传承对个人在道德判断和价值观塑造上扮演着不可或缺的角色。在新时代背景下，传承并发展这一文化对于促进个人文化素质的提升、增强分析和判断人或事的能力、自觉地排斥消极和负面影响的文化观念至关重要。它有助于人们建立正面的世界、人生和价值观念，从而在复杂多变的社会环境中保持正确的方向和坚定的信念。

大学生在校园生活中应培养积极健康的人格和乐观的心态，以应对紧张的学习压力。他们需要学会处理学习及生活中的各种挑战与压力，保持健康的心态去面对毕业后社会的竞争和挑战，这是适应复杂社会、实现个人发展的基石。在大学这个人格形成的重要阶段，学生们容易产生反抗心理和错误的价值观选择问题，这可能会阻碍他们的人际沟通，导致抑郁或冲动行为。因此，必须拓宽思想政治教育的视野与内容，引导大学生树立积极健康的个性和开放的心态。中华优秀传统文化的丰富内涵，始终强调积极乐观的生活哲学，并包含大量塑造高尚人格的元素。这些理念与大学生的思想教育目标高度一致。比如，"和而不同，执两用中"的中庸之道、"不以物喜，不以己悲"的平和心态、"发愤忘食，锲而不舍"的坚毅勤奋、"兼善天下，利济苍生"的博爱之心以及"取之有道，节之以礼"的道德规范，都是培养人格的重要准则。通过学习这些原则，大学生可以学会如何调节自我心态，正确看待个人成长，保持一颗平常心去应对生活中的人和事，同时摆脱物质欲望的影响；并且能在遇到挑战和逆境时持之以恒，坚定自己的信念和理想。这种优秀的传统文化思想对现代教育的不足进行了补充，使当代大学生在传统文化熏陶下得到无形的教育，从而加强他们的文化素养，提高道德修养，最终培养出具有深刻内涵的完整个性。

五、传统文化和大学生思想政治教育融合是社会发展的需要

（一）践行社会主义核心价值观的动力源泉

国家领导人强调，培育和弘扬社会主义核心价值观必须以中华优秀传统文化为根基。社会主义核心价值观的提出，正是基于中国深厚的传统文化内涵。例如，国家层面的价值目标"富强、民主、文明、和谐"，都体现了中国传统文化的精髓。其中，"富强"作为国家发展的首要目标，正是源于对中国传统文化的重视和发扬。《管子》中说："凡治国之道，必先富民。民富则易治也，民贫则难治也。奚以知其然也？民富则安乡重家；安乡重家，则敬上畏罪；敬上畏罪，则易治也。民贫则危乡轻家；危乡轻家，则敢陵上犯禁；陵上犯禁，则难治也。故治国常富，而乱国常贫。是以善为国者，必先富民，然后治之。"只有国家富强，人民才能安居乐业，国家强大，才能抵御外敌。这充分体现了"民为邦本，本固邦宁"的"民本"思想。中国封建社会虽然是人治社会，但同样强调了"民为贵，社稷次之，君为轻"的民本思想。因此，民主作为现代文明社会的一大基本价值，也是有其文化根基的。文明代表社会发展水平高、有文化的状态。古代中国创造出了辉煌的东方文明，成为四大文明古国之一。今天，我们的发展目标也应该继承古代文明的传统，

创造出新的现代文明。和谐是从古至今一直被向往的理想社会。《礼记·礼运》就描绘了一个和谐的大同社会："大道之行也，天下为公，选贤与能，讲信修睦。故人不独亲其亲，不独子其子，使老有所终，壮有所用，幼有所长，矜、寡、孤、独、废疾者皆有所养，男有分，女有归。货，恶其弃于地也，不必藏于己；力，恶其不出于身也，不必为己。是故谋闭而不兴，盗窃乱贼而不作，故外户而不闭，是谓大同。"中国传统文化倡导天人合一的理念，追求人际、人与社会、人与自然的和谐相处。如今，建设和谐社会仍是我国追求的核心价值目标。"自由、平等、公正、法治"体现了社会层面的价值观，而"爱国、敬业、诚信、友善"则体现了个人层面的价值观，这些都是对中华优秀传统文化的传承与发展。

（二）面对多元文化增强中华民族文化认同的必要举措

在中国文化的漫长发展过程中，多元文化的和谐共存与深度交融一直扮演着重要角色。在春秋战国时代，诸子百家的竞相争鸣为后来秦汉的统一和集权奠定了坚实的思想基础。继而，在魏晋南北朝时期，南北文化的交汇进一步推动了隋唐时期的文化兴盛与国度统一。再看金元时期，少数民族的文化元素被吸纳进中华文化之中，增添了文化的多样性与广度。

在全球一体化的趋势下，我们目睹了传统文化面临政治和经济一体化的冲击。自从欧洲航海探险时期开始，以及殖民体系瓦解之后，不同文化之间的交流和冲突变得更加常见，这呈现出两种主要的趋势：一是西方现代化观念在全球范围内的扩散和影响；二是在对抗西方和现代化的背景下，民族主义情绪的复苏。

在当今时代，缺乏传统文化熏陶的情况下，西方现代化理念的全球扩散对我国文化认同构成挑战。本土节日遭受冷遇，青年人对圣诞、情人节等外来节日的热情远超清明、春节等传统节日，甚至难以用母语撰写佳篇。在全球文化交融的大背景下，传统文化教育的缺失使得青少年对西方文化趋之若鹜，却忽视了中华五千年文明的瑰宝。尽管吸收西方的科技创新和先进思想至关重要，但我们更应建立在中华优秀传统文化之上，去芜存菁，创新发展。维护自身文化根基，掌握前沿的文化成果，对推动本民族文化进步既是必需也是可行的。源于对本土文化的深厚自信，我们才能有效面对外部文化的强烈影响，建立起文化的自我意识。毕竟，民族文化的核心在于主体性的吸收与转化，使我们的民族更加繁荣昌盛，同时，坚守民族文化的独特性，不完全依赖于他国文化的指引，展现出自发的原创力与创新能力。在文化的持续演变中，既要开放接纳外来元素，也要维护本文化的独特性，以此确保文化的健康发展。

第三节　中华优秀传统文化与大学生思想政治教育融合的科学性

一、马克思主义思想的指导

首先，马克思主义的经典理论为将中华优秀传统文化融入大学的思想政治教育提供了坚实的理论支撑。马克思和恩格斯在表述历史唯物主义等观点时，提出了文化是由经济基础所决定的上层建筑，这一理论为我国高等教育中思想政治课程结合中华传统文化提供了理论根据。同时，他们也强调了历史唯物主义并非简单的经济决定论，认为经济因素虽然重要，但不是社会历史发展的唯一推动力。马克思和恩格斯非常重视上层建筑对经济基础和社会历史发展的反作用，这一点在他们的著作中被多次强调，为今天我们将中华传统文化与思想政治教育相结合提供了理论指导。在给瓦·博尔吉乌斯的信中，恩格斯清晰地阐述了一个观点：经济是推动政治、法律、哲学、宗教、文学、艺术等领域发展的根本动力。然而，这些领域并非被动接受经济发展成果，它们之间相互影响，并反作用于经济基础。恩格斯强调，不能简单地把经济因素视作唯一的、积极的原因，而将其他因素都视为消极的产物。马克思、恩格斯进一步阐述了历史文化传统的作用，他们认为，历史上的传统和文化遗产是人们创造新历史的基础和素材。人们在新实践中，结合过去的思想成果，对其进行改革和发展，推动了历史文化等上层建筑的进步。马克思和恩格斯提出，文化的缔造者是实际存在的个人，而人类历史的根基显然建立在有生命的个体的存在之上。在现实个体的生产活动中，人们通过不断创新和丰富所构建的财富世界来实现其内在目标，同时也在更新自我。简而言之，文化是人们改造世界与自我提升实践的融合。马克思和恩格斯创立的科学文化思想基于历史唯物主义，尽管他们由于时代限制未能深入探讨无产阶级如何科学面对民族文化问题，但他们确实为后来者提供了正确理解和评价传统文化的视角和方法。在马克思、恩格斯对传统文化科学评价的基础上，列宁针对当时俄国经济文化相对落后的现状，对如何处理传统文化的问题进行了深入探讨，强调了文化继承的重要性，反对历史虚无主义，并提出了对人类历史上所有文化成果进行筛选和选择，以促进社会主义文化建设。

其次，马克思主义的中国化进程为中国的传统文化与思想政治教育的融合提供了明确的方向。在我国高等教育中，思想政治课程明确体现了其政治属性，这一属性是在中国共产党领导下不断强化和发展的。正是得益于中国共产党英明领导，我们国家在正确的旗帜——马克思主义的指引下取得了辉煌成就。自中国共产党成立以来，就坚持将马克思主义作为行动指南，并通过不懈努力，根据中国的实际情况，创造了符合国情的马克思主义理论体系。马克思主义在19世纪欧洲诞生，这一理论体系并不直接适应中国现实，因此必须与其深厚的中华优秀传统文化相结合，才能与中国国情相契合。中华优秀传统文化为马克思主义的"中国化"提供了丰富的文化根基。马克思主义包含科学世界观和方法论的统一，而中华优秀传统文化拥有深厚的历史底蕴，内含丰富的唯物主义和辩证法思维，两者具有一定的共通之处。作为我们党和国家建设的基础指导思想，马克思主义也构成了我国高等学府最鲜明的理论基础。高校思想政治教育需紧跟时代步伐，以创新的马克思主义理论为指导。这样做是为了确保教育沿着正面的社会主义道路前进。第一，我们需要认识到，坚守马克思主义不是简单地照搬，而是需要在实际活动中贯彻，让理论与中华优秀传统文化的根基相融合。第二，在课堂教学中，马克思主义理论不仅是重点，还应生动地与传统文化融合，这样枯燥的理论才能通过民族化的解读和表达，更容易为学生所理解和接受，进而正确引导他们的价值观。在高校的思想政治教育课堂上，必须有效地融入中华优秀的传统文化，这是坚持以马克思主义为指导，坚持实事求是，用科学的理论武装学生头脑，抵制各种不良和腐朽思想影响的必要措施。自中国共产党诞生之日起，就自觉承担起传承和弘扬中华优秀传统文化的重大使命。在中国长期的建设和改革过程中，党始终坚持马克思主义的指导地位，逐步形成了符合中国具体实际和时代发展需要的正确传统文化观念。自新中国成立以来，中国一直坚持马克思主义文化理念，在这一基础上，结合国家发展中的实际问题，不断拓展和提升对传统文化的认识。将马克思主义理论与中国特色社会主义实践相结合，创新性地提出了"双创"方针，进一步推动了文化思想和理论的创新与发展。这一系列的理论与实践成果，为在思想政治教育中融入中华优秀传统文化提供了有力的理论支撑和实践参考。

最后，马克思主义的中国化进程为将传统文化融入思想政治教育提供了坚实的支撑。作为立党立国的根本指导思想，马克思主义理论构成了中国特色社会主义的基石，坚持马克思主义，不断实现马克思主义中国化是中国一切事业顺利发展的重要保障。中国根据自身的国情和时代的特点，不断把马克思主义与实际情况相结合，创立了习近平新时代中国特色社会主义思想。在习近平新时代中国特色社会主义思想的指导下，对中华优秀传统文化的教育和研究必须深入进行，并将其有效融入大学生思想政治教育的各个环节，以保证中华优秀传统文化的研究能够沿着社会主义文化的方向不断前进。自改革开放起，特别是21世纪以来，国际互动越发密切，文化间的摩擦也随之加剧。众多思想文化传入我国，我们应保持警觉，防止某些国家对中华优秀传统文化的恶意贬低、歪曲和污名化。这些文化不仅与中国文化的发展方向相悖，还可能让大学生产生文化自卑感。因此，将中华优秀传统文化的精髓融入思想政治教育，我们需要严肃对待这一课题，对中华文化和外来文化进行审慎的继承与创新。此外，加强大学生的马克思主义理论教育也十分重要，使他们能够深入理解并熟练运用马克思主义理论，以便在面对问题时能明辨是非，洞察问题本质，把握时代主流，并自觉抵制一切落后的、陈旧的和有害的思想文化侵袭。

将中华优秀传统文化与高校思想政治教育相结合，在马克思主义的指引下，坚持社会主义的发展方向，这不仅丰富了教育的内容，还拓展了整合的路径，有利于传承和发展中华优秀的传统文化。这样做可以最大限度地避免走弯路，进而全面执行新时代的教育方针。在高等教育中，对大学生进行中华优秀传统文化的教育至关重要。这一过程中，必须坚守正确的文化整合原则，确保教育方向正确。坚持马克思主义的科学理论指导是我们国家文化事业发展的根本需求。高校在进行思想政治教育时，应当教授符合文化前进方向的优秀传统文化知识，指导学生建立社会主义的共同理想。通过潜移默化的方式，逐渐地将中华优秀传统文化融入学生的日常生活和学习中，培育他们自学传统文化的能力，并使他们意识到传统文化与中华民族伟大复兴的紧密联系。学生应学会运用中华优秀传统文化推动国家和社会的进步，增强民族自豪感和使命感。在任何情况下，都要确保大学生坚持中国特色社会主义的道路，不偏离正确的发展轨迹。

在各个历史时期，意识形态领域的工作一直是党的核心内容，其能否开展得当直接影响到党的未来、国家的命运以及民族的进步。我国高校在思想政治教育领域不断探索创新，始终将青年学生和广大党员干部作为教育的重点对象，秉持"育人先育心"的理念，致力于凝聚人心的教育工作。面对当前复杂多变的国际形势和思想分化现象，我们必须坚定政治方向，始终以马克思主义理论为指导。

二、注重扬弃与创新的统一

首先，作为中华民族文化的继承者，当代大学生应秉持辩证思维，汲取文化遗产之精华，摒弃其中的糟粕。目前，随着我国对传统文化传承的日益重视，高等教育已将其融入日常教学。然而，需注意的是，高等教育并非将文化原封不动地传授给学生，而是要在批判性继承的基础上进行发展。中国传统文化包含着一些值得永远传承的精华，如"仁""义""礼""智""信"等伦理精神，但也存在一些受时代局限的糟粕，例如古代的"裹脚"文化。对待这些糟粕，我们应加以剔除，但同时不能全盘否定传统文化及其价值观，而应积极借鉴其中的有益成分。所以，当代大学生在充分了解传统文化的基础上，要以理性的态度与务实的精神去传承与发展它[①]。对个人而言，孔子云："见贤思齐焉，见不贤而内自省也。"（《论语·里仁篇》）见到贤者，应立志追赶其步伐，吸收他们身上的亮点。而当发现他人的短处时，要深入反思自己是否同样存在这些问题，并积极做出改正。这两方面虽表象不同，但本质都是在强调继承中的批判性思维。孔子是儒家思想的开创者，他在春秋时期萌生，随后由儒家学者逐步传承并扩展，演变成今天庞大的儒家文化体系。这一体系在中国传统文化中占据了独特的地位，并在中华民族数千年历史中占据了主导地位。儒家文化不仅内容丰富，而且思想深刻，既包含了许多值得我们现代人学习和借鉴的优秀元素，也有一些对现代社会发展不利的陈规陋习。因此，我们应以辩证的视角来看待传统文化，既理解其在历史背景下的价值，又结合现代先进思想文化，批判性地继

---

①杨一琼. 中华优秀传统文化融入大学生思想政治教育研究[D]. 锦州：渤海大学，2021.

承和发扬。中华传统文化是民族智慧的瑰宝，继承和发扬这一瑰宝对于国家和民族的发展具有深远的战略意义。我国目前处于社会主义发展的新阶段，因此高校的思想政治教育需要与时俱进。针对目前高校教育中的不足，如体制不完善、网络文化的负面影响以及学生参与社会实践的积极性不高等问题，高校应深入挖掘中华优秀传统文化的价值，以此为基础进行创新和发展。高校应坚持在继承传统的基础上进行创新性转化，充分利用传统文化资源，在思想政治教育中发挥其独特作用。同时，高校还应积极探索和适应新时期的特点，寻找思想政治教育的新途径和新模式。

其次，中华文化的持续传承，得益于其不断适应时代的变迁，不断地创新和焕发新的生机。这种文化经过数千年的沉淀，已经拥有了独特的时代印记，并且随着物质文明和社会生产力的提升而持续进化。只有将中华优秀传统文化与时代进步相结合，不断推陈出新，它才能和政治思想工作同步前进。因此，高等教育机构在开展思想政治教育时，必须充分利用传统文化，并持续创新，以满足时代的需要，整合社会发展的最新成果，提高教育的有效性，确保优秀传统文化的活力和思想政治教育的活力。同时，应将这种文化放置于全球社会的背景下，保持国际视野，在维护本民族文化的独特性的同时，汲取国内外其他文化的精华，为中华文化的创新发展注入新动力。高校教育者在进行中华优秀传统文化教育时，应结合我国的实际情况，同时考虑到学校的具体情况和学生的实际需求，创新教学内容和方式。在传承中华优秀传统文化的基础上，高校教育者应科学地对待它，不能盲目跟从，需要不断地拓展和改革教育内容和方法，给它注入时代的活力，使其与时俱进，与高校教育教学的发展同步。教育工作者须积极探索中华民族深厚的历史文化资源，注入时代精神，以保证思想政治教育充满活力。在教学活动中，可以借助网络平台，如慕课和虚拟现实技术，生动展现中华文化的深厚底蕴。推动传统文化的教育需要不断更新其内涵与形式，引入新颖的教育方法和模式。同时，要赋予传统文化以现代意义，培育学生的创新意识，紧密跟随时代的步伐，将新的思想和概念融入传统文化中。还需将传承与创新相结合，使之成为现代文化发展的有机部分。这样既能保持中华文化的根本特征，又能展现社会主义核心价值观的时代魅力，使传统文化在思想政治教育中焕发新的生机。

在我国快速的经济进步背后，文化发展显得相对缓慢。为了让传统文化得以创新性发展，我们必须深入理解其内在的共性和特性。共性是指传统文化普遍的价值观和规律，它能增强我们对民族文化的自信并保持自觉。然而，每个时代的人民对文化的期待都是多样化的，这要求传统文化必须满足不同时代人们的需求，展现出其独特的魅力。因此，仅仅从传统文化中吸取营养是不够的，我们还需在继承的基础上进行创新，以促进传统文化和当代精神的融合，与社会主义核心价值观的一致，以及和思想政治教育知识的结合。

总之，中国传统文化是中华民族在特定历史时期形成的，其内容和表现形式不可避免地带有时代的印记，具有历史局限性。在高校教育中，教师应理性对待这一文化，挑选出与思想政治教育相符合的精华部分，同时舍弃那些过时、不适应时代及大学生发展、阻碍进步的糟粕，以消除对大学生思想的不良影响。这样可以帮助大学生更好地传承中国优秀文化中的有益因子，自觉摒弃那些不适应时代发展潮流的部分。我们必须对传统文化进行科学分析，继承和发扬其中有价值的部分。高校教育者应理性地传承中华优秀传统文化，特别是那些积极向上、符合时代发展的内容。通过思想政治教育，教育者应挖掘和利用传统文化中对大学生成长有益的部分，如自强不息和坚定的爱国主义精神等价值观，并将其融入大学生的思想政治教育中。同时，思想政治工作者应以马克思主义为指导，将传统文化与思想政治教育相结合，理性选择并提炼其中的优秀文化资源，丰富教学内容。教育工作者还应根据时代的发展要求，对优秀传统文化进行合理创新，确保其精华与社会主义文化发展同步，以此服务于新时代高校思想政治教育工作。

三、遵循历史发展的规律

自近代以来，无论是太平天国运动所象征的宏大农民战争，还是洋务运动这种统治阶层在器物层面所尝试的自我改进，包括戊戌变法所体现的维新改革，以及辛亥革命所倡导的全面向西方学习政治和经济制度，以推翻清朝封建统治为目标的尝试，这些运动都没有能够解决当时中国所面临的问题。然而，随着俄国十月革命的爆发，社会主义从理论变为现实，马克思主义也随之在中国舞台上占据了一席之地。在中国人民前赴后继、始终如一的努力下，经历了无数考验，最终实现了令世界震惊的历史性飞跃。

历史和规律昭示我们，文化理念与核心价值若不契合中国的国情和传统，将难以成功。中国传统文化与马克思主义的交锋，展示了近代中国在文化自省、选择与创新上所做的努力，这既是对社会形态变迁和文化发展的回应，也是对民族复兴和国家繁荣昌盛愿景的追求。在斗争中，中华文明不断磨砺，凝聚了人民对民族复兴和国家繁荣昌盛的美好愿景。新中国成立以后，社会主义文化首次成为古老中国的主流，与中华优秀传统文化开始全面深入地交融。无论在国家建设还是改革的不同阶段，中华优秀传统文化的印记都清晰可见，面对各种挑战，它始终坚韧不拔。

在中国共产党的指导下，中华传统文化与马克思主义相互融合，并在思想政治教育的继承与发展中相互促进，进一步加固了它们之间的联系。在革命斗争阶段，党通过有效的思想政治教育唤起了民众的觉醒和爱国热忱，并培育了大批人才；通过宣扬党的政策和策略，党汇聚了广泛而坚定的民众支持，并形成了抗日民族统一战线。在中国革命的各个阶段，如土地革命时期、二万五千里长征、抗日战争、解放战争等，深刻的思想政治工作对于凝聚共识、加强纪律性、提炼革命精神起到了至关重要的作用。它显著增强了人民军队的战斗力和团结力，保持了队伍的纯洁性与先进性。我党在不断实践中进一步认识到思想政治工作的重要性，并将其视为"生命线"，逐步形成了一整套理论。中华人民共和国成立后，高校思想政治教育成为坚持马克思主义指导、推广主流意识形态、确保社会主义事业稳定发展的核心。改革开放后，中国的社会主义建设步入新纪元，思想政治教育步入科学发展的新阶段。我国大学生思想政治教育在此背景下逐渐成熟。作为马克思主义理论的分支和专业，思想政治教育形成了丰硕的研究成果，这些成果既切合我国发展需求，又彰显民族特色，为培养忠诚爱国、有志报国的合格人才奠定了坚实基础。在这一历史长河中，党不断将中华优秀传统文化融入思想政治教育，利用中华民族历史上积累的精神财富"以文化人、以文育人"，为我国社会主义事业造就了众多优秀人才。

在中国近代史的浪潮中，中华优秀传统文化与马克思主义跨越时代的隔阂，自然而然地结合在一起。它们在不断地互动和融合中，共同推进了中华民族历史文化的发展和创新。这种结合在历史的长河中，形成了现实而紧密的联系。随着中国在领导层的带领下迈向胜利，以及中华人民共和国成立并崛起的历程中，思想政治教育的核心、知识框架及任务使命变得日益清晰。不断的探索与实践揭示，思想政治教育与中华民族深厚的优秀传统文化紧密相连，这种联系为教育内容提供了坚实的历史根基。在这个新时代，中国的智慧与方案正逐步走向世界舞台。中华传统文化，作为我国宝贵的遗产，以其独有的魅力在国内激发了国学的热潮，在国际上则掀起了"儒学热"，使得传统文化的地位和声誉日益提高，人们对传承和发展传统文化的关注也与日俱增。在我国高等教育阶段，思想政治教育承担着培育道德品质和优良人格的重要使命，这与儒家文化强调的"以德服人"和"以人为本"的核心思想不谋而合。融合二者的精华，不仅有助于学生们汲取传统文化的营养，继承其优秀传统，还能让他们深切领略到传统文化的独特魅力。为了充分发挥优秀传统文化的积极作用，高校应当遵循历史发展规律，秉持历史主义原则，从发展的角度、辩证的眼光去审视和理解优秀传统文化。此外，高校还应当引导学生深入阅读和领会传统文化经典，加强他们对中华优秀传统文化的认同感，培养他们正确的历史观。

四、以人为本观念的引领

儒家学派首次明确提出人本思想，强调以人为核心，尊重人的生命价值，以及在社会中的重要角色。孔子坚信人类是自然界中最优秀的存在，每个个体都具有天生的道德意识，这种意识是人的内在价值。在此基础上，孟子提出百姓的地位应高于君主和社稷。这两位思想家极大地提升了人的价值地位，关注人性，强调人的尊严。儒家人本主义与西方人文主义在本质上存在诸多相似之处。西方人文主义在文艺复兴时期达到了新的高度，强调了社会进步应以人为中心。如今，人本主义已成为现代社会的主流价值观。儒家人本主义作为儒家文化的核心，为解决高校思政课中忽视大学生主体地位的问题提供了方法和智慧。大学生是独立思考的个体，高校应借鉴儒家的以人为本的教育观念，将其融入大学生思政课堂，使大学生从被动接受转向主动参与，将所学应用于实践，从而获得感悟，有效地传承儒家优秀文化。

坚持以人为核心的原则，要求高等教育中，教师与学生均是思想政治教育的主体。教育的核心是人的思想品德培养，离开了人的教育是不存在的。因此，高校的思想政治工作要正视师生双方的主体性，确保教学既发挥教师的引导作用，也激发学生探求知识的热情。中国传统思想文化，特别是儒家传统，强调人的价值和个人德行的提升。马克思主义则提倡人的全面发展，这两大思想体系在强调人的主体性和道德修养上不谋而合。将它们融入高校思想政治教育，进一步凸显了将学生置于中心地位的必要性。在此，我们强调要充分发挥学生的主体作用，但这并非意味着放任自流。学生的学习仍然需要在思想政治教育者的引导下进行，同时融合教育与自我教育。随着高等教育的不断发展，教育不再是简单地从外部强加给学生的内容。教育应以学习者为出发点，以充分激发学习兴趣和提高学习效率。现代教育学倡导的"以人为本""以学生为本"理念，要求高校思想政治教育将大学生视为学习的主体，改变传统教学模式，充分调动学生的主动性。在课堂教学中，教师需要充分了解学生的实际学习情况，并努力实现"教是为了不教"的目标。如果教师只注重传授知识而不考虑学生的需求，那么教学只能停留在表面。因此，在教学过程中，应将学生置于核心位置，深入理解并尊重他们，采取以学生为导向的教学方法，充分发挥学生的内在学习兴趣和需求，提升思政课程的教育效果。

五、注重理论与实践的统一

第一，传统文化对人的身心发展具有深远影响，但其传承与发展需要耗费漫长的时间。传统文化源远流长，内涵丰富，大学生不可能在短时间内完全领会其精髓。因此，在高校进行大学生思想政治教育时，融入传统文化应该循序渐进、综合考虑，避免急功近利。首先，高校思政课是大学生思想政治教育的核心途径，应摒弃以往单调的理论灌输方式，也不宜依赖传统文化进行盲目教导。教师应在课堂中引导学生深入理解传统文化的内涵，激发他们对优秀传统文化的热忱，从而形成积极主动的学习态度，吸收并内化这些优秀的传统文化元素，使之真正为自己所用。其次，隐性教育的重要性不容忽视，尤其是对于大学生而言。相较于直接的教育模式，如思想政治课，培育校园文化氛围是一种更偏向于间接和隐性的教育方法。因此，学校应更加关注于校园文化建设，尽力营造一个充满传统文化底蕴的校园环境。为此，学校可以充分运用各种文化传播工具，包括多媒体、海报和电子设备等，强化对优秀传统文化的推广。同时，学校还可以在办公室、教室、图书馆等地方布置富含传统文化元素的环境，通过建立文化墙、文化走廊等特殊区域，营造一个多角度、立体化的传统文化氛围。通过这些方式，学生们会在潜移默化中接受传统文化的熏陶和滋养。

第二，中华优秀传统文化历来主张知行合一。高校欲达此目标，必须坚持理论与实践的结合。不仅应在课堂上传播中华优秀传统文化的理念，更要将其深入融入课堂和社会实践中。通过实践，学生能够真正理解并吸收中华优秀传统文化这一源远流长的精神财富。首先，高校思政教育需贯彻实践观，源自中华文化的实践精神。中华传统文化经历史长河实践而生，具有强烈的实践属性。儒家思想，作为传统文化的核心，历来强调实践精神。孔子尤其注重实行，他认为"行"是德的体现，被视为衡量品德优劣的标准，他主张"行"胜于"言"，提倡言行一致。至今仍流传着"纸上得来终觉浅，绝知此事要躬行"的至理名言。在思政教育中融入中华优秀传统文化，必须坚持实践精神，贯穿"知行合一"的理念于整个教育过程。其次，高校思想政治教育以实践为导向，依托马克思主义及中国特色社会主义理论构建其教育框架。马克思主义的核心理念——实事求是，强调理论与实践的紧密结合。中国基于自身国情，成功地将马克思主义本土化，形成了具有中国特色的理论体系，对高校思想政治教育起到了直接引导作用，并强调教育过程中应坚持理论与实践相结合。高校思政教育工作者应落实理论与实践结合原则，具体有两方面工作。其一，通过课堂教学，传播中华优秀传统文化和思政教育理论，激发学生掌握深厚知识，提高人文素质。其二，借助课堂、校园和社会实践，引导学生将所学付诸实践，提升学习热情，达成文化传承和思政教育的目标。

第四节 中华优秀传统文化与大学生思想政治教育融合的可行性

中国传统文化与思想政治教育都着眼于培养人，特别是提升个体的思想道德水平。两者在追求的终极目标上都强调政治属性，显示了它们在教育宗旨上的共通性。这种一致性不仅体现在目标设定上，还显现于它们所包含的教育内容，其中许多方面是相辅相成的。尽管两者在教学方法和模式上存在差异，但这些差异恰恰增强了彼此之间的互补性，为它们的融合提供了有利条件。

一、目标的最终指向一致

传统文化本身蕴含着丰富的思想教育资源，它能够对个体的价值观和行为模式产生深远的影响。与此同时，传统文化与思想政治教育之间存在一种跨历史和地域的内在联系，这种连接在教育目的、相互依赖性以及发展过程中都表现得尤为明显。这种紧密的关联为思想政治教育领域吸收并运用传统文化的元素提供了极大的潜力和空间①。

（一）文化的思想政治教育功能

文化在塑造和教育人们方面扮演着关键的角色。它不仅代表了人类数千年的创造成果，而且能够对人进行培养和塑形。实质上，我们接受的教育本质上就是文化的传承。这一现象在中国传统文化中尤为明显。中国历史上一直强调文化在教育和塑造人方面的重要作用，比如《论语》记载的"孔子指点孔鲤学诗学礼"的故事，展现了中华民族对文化教育价值的重视传统。通过这种方式，文化成为一种强大的思想政治教育工具。例如，中国的古典文学、艺术和哲学都蕴含了深刻的道德和价值观，这些通过教育系统传递给后代，从而影响他们的行为和思想。这种以文化为基础的教育方式在中国历史长河中根深蒂固，并继续影响着现代的教育体系。在现代社会，随着全球化和科技的快速发展，虽然教育形式和方法有所变化，但文化的教育价值依然被重视。无论是通过传统的课堂学习，还是利用数字媒体和互联网平台，文化都在不断被用来传递知识、价值观和社会规范。因此，维护和发展文化资源，确保它们能够在当代社会中发挥其教育功能，对于促进个人成长和社会整体的和谐发展至关重要。总之，文化不仅仅是历史的遗产或艺术品的堆砌，它

---

①刘志林.大学生思想政治教育与中华优秀传统文化融合的可行性研究[J].昌吉学院学报,2018(5):42-45.

还是连接过去与未来，塑造社会和个体的重要桥梁。通过持续地挖掘和利用这些宝贵的文化资源，可以加强社会的凝聚力和文化的多样性，进而促进形成一个更加包容和理解的社会环境。在思想政治教育的领域中，其与悠久且丰富的历史文化紧密相连，同时也受到民族传统的巨大影响。作为中国传统文化的传承者，大学生的思想观念不断地受到传统文化的塑造。通过将文化元素融入教育中，我们不仅能够丰富学生的心灵世界，还能够陶冶他们的情操。这样，不仅可以全面提升学生的个人素质，而且可以推动他们朝着"全面而自由"的发展目标迈进，这正是思想政治教育在文化层面上的重要价值所在。

（二）思想政治教育与传统文化的一致性

1.思想政治教育的目的性与传统文化传承的目标具有一致性

中国传统文化的核心在于塑造健全的人格，提升道德品质，丰富精神生活，以及强化精神力量。这些目标与现代社会对道德完善的追求相吻合，并与培养有志向、有知识、有道德和有纪律的新一代的教育方针相一致。

2.思想政治素质与文化素质的共生性

大学生的综合素质涵盖了政治思想、文化、专业以及身心健康四大领域。其中，文化素质是所有素质的基础，而思想道德素质则是核心与精神所在。这些素质之间并非孤立存在，它们互相支持，相互促进，特别是思想素质和文化素质紧密相连，彼此依存，形成了一种共生的关系。

3.思想政治素质和文化素质形成机制的相似性

形成学生的思想政治素质和文化素养的过程大致相同。这一过程涉及教育者依据社会主流的思想道德规范，对学习者施加目标明确、计划周详且组织有序的教学影响。通过教学活动，将相关思想文化知识转化为学生的内在认识，从而塑造他们的个人体验，并最终培养出符合社会期待的思想政治品质和素养。

中华的优秀传统文化，以其独特的光芒，不仅展现了民族的非凡智慧，还体现了历史的深厚积淀。它在中国历史的每一个篇章中，都以不同的形式展现其价值和重要性。特别是对于大学生的思想政治教育来说，传统文化提供了丰富的教学资源和教育功能，为培养当代青年的思想品德和价值观提供了宝贵的素材。通过将传统智慧融入现代教育，可以有效地加深学生对文化传承的认识和尊重，促进他们成为有理想、有道德、有文化、有纪律的社会主义现代化建设者。

二、内容具有相通之处

在探讨思想政治教育和中国传统文化时，我们可以发现两者之间有着许多相互关联和契合的元素。它们之所以能实现有效的融合，很大程度上是得益于这种内在的联系。

首先，思想政治教育中的理想教育和传统文化中的"大同思想"在追求社会公平、和谐方面有共通性。理想教育强调消除私有制、阶级和国家，实现财产公有、人人平等，促进人性充分发展。中国传统文化中，《诗经》体现人们对公平幸福生活的追求；《春秋公羊传》提出社会进步的三世说；孔子在《礼记·礼运》中描绘出大同世界的美好愿景——人人平等，亲密无间，各尽其才，物尽其用，个人与社会融为一体。在中国传统文化中，"大同理想"与思想政治教育中的理想教育理念有着明显的共通之处。这种共通性使得中国的知识分子能够更深刻地领悟并支持马克思主义的核心思想。通过这种文化的共鸣，马克思主义在中国的传播和影响力得到了显著的推动。

其次，在思想政治教育中，最基础的教育内容是科学的世界观教育。这种教育与中国传统文化中的朴素唯物辩证法思想存在共通之处。世界观教育在思想政治教育中主要包含辩证唯物主义的内容，分为两个方面。辩证唯物主义以世界的物质同一为基础，运用辩证法，坚持历史发展是螺旋式上升和波浪式的前进。而历史唯物主义则强调了经济因素在推动社会发展中的核心地位，并指出社会存在决定社会意识、物质生产构成社会发展的基础，以及人的实践活动对社会发展具有推动作用。而中国传统文化重视"经世致用"，从物质生产和民心所向来分析历史的兴衰更替，关注民众的物质生活状况来探讨社会的道德和文明进步。在春秋时代，管仲提出了"仓廪实则知礼节，衣食足则知荣辱"的理念，强调物质基础对于民众精神文明的重要性。而孔子的"庶之、富之、教之"思想阐述了人口增长、财富积累和道德教育之间的相互依存关系。这些观念与历史唯物主义有共通之处，并体现了中国传统文化中蕴含的朴素辩证法思想。道家学派的创始人老子提出了"万物负阴而抱阳，冲气以为和"的观点，意即任何事物都有对立的两个方面，即"阴""阳"二气，这两个方面在相互作用中实现统一之"和"。在儒家经典《周易》中，有关于"一阴一阳谓之道"和"刚柔相推而生变化"的论述，其核心在于揭示阴阳、刚柔等对立面的相互作用，是驱动事物发展变化的关键力量。此外，宋明理学的代表人物张载也提出了类似观点，他认为："一物两体，气也；一故神，两故化，此天地之所以参也。"这句话强调了矛盾双方既对立又统一的关系，是宇宙万物运行的基本规律。通过对以上内容的解析，我们能够发现，中国传统文化中蕴含了一种朴素的唯物辩证法思想。这种思想和辩证唯物主义以及历史唯物主义在价值定位和思想倾向上有着明显的相似之处。它们都强调了对立统一法则在事物发展中的重要性，为我们理解世界提供了深刻的哲学启示。

再次，在政治理念的探讨中，"民为贵"与"以人为本"，整体主义和集体主义之间的融合被深入分析。中国的传统民本思维被视为"以人为本"思想的文化基石。这种传统的民本思想，其根源可以追溯到殷商时代。春秋时期，周公提出"保民"的治国理念；孔子提出"节用而爱民，使民以时"（《论语》）；孟子也提出"民为贵，社稷次之，君为轻"（《孟子》）；荀子则把君民关系比喻为水和舟的关系，"君者，舟也，庶人者，水也，水则载舟，水则覆舟"（《荀子·王制》）。及至西汉，贾谊更明确地提出"民为国本"的观点（《贾谊·新书》）。这些历史文献，其价值在于清晰地勾勒出我国民本思想沿革的漫长历史轨迹及其丰富内涵。尽管其核心与社会主义的"以人为本"有所不同，但我国提出的诸如"为人民服务""立党为公、执政为民"的口号，以及坚持党的群众路线，实际上是对传统民本思想的现代化阐释与延伸，这些思想在现代政治语境下获得了新的生命和意义。

中华文化的传统集体主义观念为社会主义集体主义理念的形成提供了丰富的文化根基。这一观念在中国古代社会中居于中心角色，主张集体的利益应置于个人利益之上。这种思想在政治领域表现为大一统的国家观；在社会层面，则体现为家庭、族群与国家之间的密切联系；在思想意识上，强调多元包容与和谐共处；在道德伦理上，倡导以大局为重，乐于牺牲个人利益以成就集体利益。尽管这在一定程度上可能压制了个人主义的成长并维护了旧有的封建制度，但它与科学社会主义中的集体主义仍有契合之处，为中国人民接纳和理解社会主义集体主义价值观念构建了一个坚实的基础。

从次，在经济观念方面，中华传统与社会主义理念有着深刻的契合。"天下为公"这一传统理念深深植根于公有制思想的文化的土壤之中。它不仅体现了中华民族长期以来对正义和价值的追求，更是衡量行为优劣的重要准则。这个"公"字包含了公共财产、公共利益等诸多层面。虽然在古代，我们并没有形成一套完整的生产资料公有制的理论，但是，许多思想家已经开始意识到私有制所带来的弊端，他们强调财产应当属于公共所有。此外，历史上的统治者们虽然常从维护自身利益的角度出发，但也不乏反对过于自私的言行，他们提倡减少私欲，以期增加公共利益，并声称他们的目标是为代表全民的利益而努力。这些观点为后来的公有制思想提供了丰富的土壤和启示。在当代中国，社会主义公有制与历史上的公有制观念存在显著差异。但通常，这些不同并未被广泛认识和区别对待。包括受过良好教育的文人学者，在马克思主义刚传播时也常常将两者视为一致，甚至有人把古代的井田制视作社会主义的一种形式。同时，"公"的概念作为伦理道德的核心已深植于中国特色社会主义的道德构建和文化理论中。

平等是社会主义的核心价值观，这一点已经是公认的事实。在《论语》中，孔子提出了他对平等的理解："不患寡而患不均，不患贫而患不安。盖均无贫，和无寡，安无倾。"在中国历史上，无论是民间还是知识分子，最迫切的愿望就是实现财富的公平分配，这一点在多次农民起义中得到了体现，这些人往往以"均贫富"为口号。在中华人民共和国成立初期，主导的社会理念强调的是收入均衡、经济平等以及分配的平均性。与当今学者运用精确科学手段来阐释平等概念不同，古人没有对平等给出明确的定义，也没有深刻理解权利、机遇以及结果的平等重要性。尽管如此，中国传统中对平等的理解，无疑对中国民众领会马克思主义和接纳科学社会主义提供了坚实的基础。

最后，当我们讨论文化价值观时，经常提到"贵和思想"和"天人合一"的理念，这些反映了中华民族对和谐永无止境的追求。这种追求和谐的文化传统，不仅突出了宽容和寻找共同点的价值，还塑造了中华民族独特的价值观：自律、仁慈、友好和利他主义。以和谐为中心的这种理念，深深扎根于中华文化的根基，培养了热爱和平、追求和谐的民族特质，成为激励中华儿女的不竭动力。它不仅是建设社会主义和谐社会的核心思想，也是社会与自然可持续发展的关键智慧。

中国传统文化的丰富内涵与思想道德教育内容之间的相互契合，赋予了它们融合的潜力。这种融合不仅为思想政治教育提供了源源不断的发展动力，也使得它在中国传统文化这一肥沃的历史背景中得以持续创新和演进。

三、教育模式具有互补性

思想政治教育有多种教育方式，有理论灌输法、实践锻炼法、自我教育法、榜样示范法、比较鉴别法、咨询辅导法等，其中理论灌输法是思想政治教育最主要、最基本的方法。作为一门意识形态色彩极为强烈的科学，思想政治教育自然需要通过理论灌输法来对受教育者进行马克思主义理论教育。在过往的实践中，我国的思想政治教育过于强调其德育和意识形态功能，而忽视了文化功能的发挥。这导致教育内容偏向于理论讲授和意识形态灌输，需要我们反思和调整；在思想政治教育的实践中，教育者往往忽视了学生的具体差异，未能根据不同学生的特点进行有针对性的教学。他们常常采用一种单向灌输的方式，即"我讲你听"的模式，这种模式让学生处于被动接受的位置，缺乏主动探索和思考的机会。这种教育方式不仅忽略了学生的个体需求，也未能激发学生的学习兴趣和主动性。学生在这种教育环境下，往往只是机械地接受知识，而不是积极地吸收和内化这些科学理论。这样的教育过程，使得学习变得枯燥无味，难以引起学生的兴趣和参与感。此外，这种一刀切的教育模式也影响了思想政治教育的实际效果。因为缺乏针对性和互动性，学生的学习体验和成效受到限制，这直接导致了思想政治教育的实效性大打折扣。随着社会的发展和变化，这种传统的教育方式已经越来越难以满足新形势下的发展要求，需要教育者重新审视和调整教学策略，以更有效地适应时代的变化和学生的需求。

思想政治教育对意识形态的过分强调使其自身的文化属性和人文精神受到遮蔽。在现代思想政治教育模式中，中国传统文化的教育方式起到了重要的补充作用。首先，它强调的是潜移默化的影响，而非强制性地灌输，倡导通过文化的力量来塑造个人。在这种教育方式下，受到中国传统文化熏陶的个人往往会培养出独特的性格特质、思想观念和行为习惯，这些一旦形成，就会深深融入社会成员的精神世界，成为其难以改变的一部分。其次，中国传统文化还特别重视激发人的内在自觉性。它鼓励人们通过"自省""内省"和"慎独"等自我反思的方式，深入审视自己的思想和行为中的不足与错误。这种自我反省的过程不仅有助于人们在认识上达到真正的"知"，也促使他们不断提升自己的道德修养，逐渐接近圣人的道德境界。不过以自觉内省方式来提高自身道德修养最终是为了付诸道德实践。最后，中国传统文化强调"知行合一"的道德实践，而不是空洞的说教。这种"知行合一"的思想道德教育方式，是经过我国传统文化长期的实践探索和理论总结形成的，具有鲜明的特色。《周易》曰："履，德之基也。"先秦墨家学派代表人物墨子就对道德实践十分重视，他认为评价一个人是否真正为"仁"，"非以其名也，亦以其取也"。意思是要判断一个人是否真正具备"仁"的品质，关键不仅在于他是否了解"仁"的深层含义，更重要的是要观察他的言行举止。一个真正的"仁"者会在日常生活中体现出对他人的关爱和尊重，通过实际行动展现自己的善良与同情心。因此，判断一个人是否具有"仁"德，需要综合评估其行为是否符合道德标准，以及是否在与他人交往中表现出真诚、宽容和慈悲。明代思想家王阳明则更是明确提出了"知行合一"思想。可见，中国传统文化不仅注重道德教育中的自觉自省，更加注重在自觉自省基础上的道德践履，注重"知"与"行"的辩证统一。上述中国传统文化所倡导的种种教育模式弥补我国现代思想政治教育因过分重视和强调意识形态而造成的思想政治教育单一、空洞以及枯燥的理论说教和灌输模式。当然，作为一门意识形态色彩极为强烈的科学，思想政治教育离不开理论灌输这种教育模式，只是当我们忽视了文化对思想政治教育的内在渗透力，忽视了受教育者对思想政治教育内在自觉自省意识，忽视了思想政治教育者与受教育者在思想政治教育过程中的道德实践，而过分强调这种理论灌输的教育模式时，灌输的力度再大，思想政治教育也难以取得理想效果，甚至会起反作用。因此，我国现当代的思想政治教育应该借鉴和吸收中国传统文化所提倡和践行的这些潜移默化的渗透、自觉的内在自省以及"知行合一"等教育模式，来改变我国现当前思想政治教育单一枯燥的教育模式，弥补我国当前思想政治教育模式的不足，引导全体社会成员积极主动、自觉地反思自身，不断提升自身的思想道德素质，培养自己良好的道德品质，从而提升当前思想政治教育的实效性。

第三章 中华优秀传统文化与大学生思想政治教育融合的现状分析

当前我国高校主要是通过理论课教学的方式，来达到加强高校学生思想政治教育的目的，但其教育效果却令人担忧。造成这种结果的原因在于对传统文化的重视度不足，思想政治理论课没有合理地插入传统文化内容。

第一节 中华优秀传统文化与大学生思想政治教育融合的现状

一、各大高校关于融合发展所做的努力

（一）复旦大学通识教育

通识教育作为教育之中的一个类别，它的存在与中国传统文化教育是不可分割的[①]。复旦大学作为一所具有深厚文化底蕴的高校，在此之上不断加深传统文化教育，可以说是一件锦上添花的美事。传统文化中蕴含的爱国爱民和道德立身的思想是其宝贵的精神财富。通过传统文化教育作为纽带，可以加强爱国主义和道德教育之间的联系，并促进它们的共同发展。这样做有助于学生成长为社会主义的合格建设者和可靠人才。

---

①赵长林,黄春平.我国现代大学通识教育的发展历程与现实启示[J].聊城大学学报(社会科学版),2023(5):76-81.

传统文化为复旦大学开展通识教育提供了依据，由此建立了复旦学院，并且还成立了通识教育研究中心，使高校学生获得了多维度教育。

（二）湖南大学文化教育传统

湖南大学起源于岳麓书院，是一所拥有悠久历史的高校，在传统文化教育方面，具有得天独厚的优势。湖南大学将传统文化传承放在了首要位置，表现在学生入校第一步就是了解岳麓书院所具有的文化底蕴，学校还开设了中国传统文化与岳麓书院这一门课程，全校学生均要进行研习。另外，学校还通过传统上墙的办法，做到了将传统文化进行固化，做到将传统文化渗透到师生生活学习之中。湖南大学没有强烈地灌输大师风范和赤子情怀，采用的是"随风潜入夜，润物细无声"的方式。

（三）武汉大学特色文化教育道路

武汉大学致力于将中国传统文化教育作为核心，通过不断地探索与创新，发展了一套独特的学生思想政治教育体系。通过组织和规划，以及活动的精心管理，学校在多个方面支持传统文化学生社团的建设，为文化教育提供了坚实的基础。在深厚的人文背景上，武汉大学利用现代教育方法进行了专项策划和科学指导，推动传统文化向高质量和品牌化方向迈进。这些努力使得学校的传统文化社团如樱花笔会、红楼论坛等得以繁荣发展，迅速成长为具有广泛知名度和美誉度的品牌活动，不仅获得了良好的教育成效，也扩大了其影响力。

（四）河北师范大学文化传承活动

河北师范大学多年以来持续不断地开展传统文化传承活动，诸如"风雅之声"等大型古典诗文诵读活动。参加活动的学生可以从"四书五经"等书籍中选取诵读内容，可以是名言警句，可以是先秦散文，也可以是唐诗宋词元曲等名作。学生通过阅读、朗诵和欣赏，深入体验到了中华民族几千年的文化传统。为了进一步弘扬这一传统，河北师范大学采取了双重策略：首先，致力于保护当地的非物质文化遗产；其次，提升学生的文化与艺术修养。为此，该校组建了一个文化采风小组，成员们在暑假期间前往多个文化传承丰富的地区，直接学习当地民间艺术。通过不断的努力迎来了丰硕的果实，河北师范大学已经掌握了20余种民间艺术形式，诸如井陉拉花、常山战鼓等等。

（五）东北师范大学文化传统课程设置

东北师范大学为使传统文化深入课堂，首先，开设了一系列选修课程，如国学概论等。其次，为了保证教学质量，以及提升传统文化，采用考试、考察、社会实践等方式。最后，以东北师范大学文学院为中心，开展了经典阅读计划，并且取得了不错的反响。

（六）其他院校系列文化活动

许多高校为了促进思想政治教育方面、中华传统文化方面的融合，积极开展了一系列活动，如礼敬中华优秀传统文化系列活动。虽然取得了一定的成就，但就整个中国高校在两者融合的现状上来讲受到诸多因素影响，两者的融合程度不高。在未来还需要对两方面的融合模式不断探索，在其结构层次上加之民族特点、时代精神，作用于思想政治教育体系，可以说这是教育者和相关理论工作者义不容辞的责任。

二、传统文化在高校学生思想教育中的断裂与缺失现状

中国传统文化历史悠久、博大精深，对于中华民族来说，它既是精神纽带，又是一种心理支撑和发展动力。但是目前传统文化教育的断层和缺失现象已经愈加明显。

对于传统文化与思想政治教育两者来讲，我国各地区研究发展不平衡。首先，大部分地区的传统文化目前已经进入到细节化的研究，众多学术团队对传统文化研究的成果部分已经逐渐产生有利的影响。其次，思想政治教育的研究发展进度正值过渡阶段，正由学科化向科学化过渡。关于思想政治教育的构成，诸如理念、载体等方面，则处于刚刚起始的探索阶段，距离系统化的形成还有一段距离。最后，在思想政治教育文化环境方面，目前对其研究正是起步阶段，取得的成果不多。

在我国改革开放之后，文化多元化的冲击，带给学生一些困惑与迷茫，一方面，不仅出现了自我意识膨胀，还出现了价值取向偏移等方面的问题。另一方面，在高校学生群体中间，逐渐出现了忽视中国传统文化精神的现象。

（一）对传统文化认知程度不高

传统文化，通常指的是那些在历史发展过程中逐渐形成并得以保留和传递的文化元素。这些文化不仅具有深厚的历史底蕴，还承载着丰富的生命力和不可替代的价值。文化具有相对的不变性，并且是跨越时代的洪流传承下来的，所以文化具有稳定性。另外，文化主要是通过载体传承下来的，这种载体可以是传统的节日、文学名著，还可以是音乐、戏剧等。因此加强对高校传统文化的重视，这样学生既能够培养民族自豪感，还能够加强民族自信心。

高校学生对传统文化认知的现状是不甚令人满意的，当前有很多学生没有完整读过四大名著，甚至有从未读过的学生。

经史子集方面的图书更是乏人问津。在高校学生的群体之中，大部分人对古往今来的思想家及其学说知之甚少，在有所了解的学生之中，只是简单地知道，多数是缺乏深入研究的。可以想象当前学生对传统文化知识的了解，是多么的贫乏。

当前各高校学生对传统文化的认知程度，虽然不可能存在认识一致的情况，但是从宏观的角度出发，在整体上认识不足是客观现状，工科院校尤为明显。

改革开放以来，生产力和经济得到了迅速发展，在这种社会环境之下，出现了实用主义和功利主义，并且逐渐流传开来。高校学生重视的是一些应用性强的知识，传统文化在他们看来是没有办法给他们带来经济价值的。目前，高校毕业的学生无论是在计算机、外语，还是在业务基础理论和能力方面，均具有相对较强的能力，但是学生的社会及工作责任感方面，却出现短板，用人单位针对这种现象，将其总结为文化水平不低而素质却不高。通常所说的人文素质，是指一种内在的品质，是一个人的内在，既包括知识、能力、观念，还包括情感、意志等，这些因素彼此联结，外在表现就是常说的人格、气质和修养。那么传统文化的作用就体现于此，不仅能够陶冶情操，还能够将文化素养浓缩于高校学生内在，使其转化为稳定的个人气质、修养和人格。

笔者在向高校学生调查他们对于中华优秀传统文化的看法时，大部分学生表示肯定，认为优秀传统文化所起到的作用不容忽视，有助于其更好地迈向社会；约有四分之一的学生消极地认为，中国传统文化对于自身发展没有什么实在好处；还有小部分学生认为，传统文化与自身无关。尽管大部分学生在传统文化方面，是具有认同感的，但可惜的是仍有将近三分之一的学生，在认识与热情上有所缺乏。

以高校学生为立足点，在中华优秀传统文化方面，对于认知和热情的缺乏还表现在对中国传统节日知识的了解上，以及传统文化书籍阅读情况上。

（二）对传统文化的情感认同

1.对传统节日的认同度

在构建和谐社会的进程之中，制度完善与人际和谐占有非常重要的地位。传统文化的精髓，一方面是体现在中国人对制度和道德的独到见解中；另一方面更是经过漫长历史的不断实践而总结出来的，并将历史的传承浓缩于中国传统节日之中，如清明、端午等节日。

在当前，我国非常重视传统节日，许多传统节日已经列为法定节日，在笔者的调查中，针对这一政策，74%的高校学生持有支持态度，尽管在这一部分学生中有的只是为了节日放假，并不能体现出他们对传统文化的重视；9%的学生持有反对意见。在高校学生对于传统音乐的认知方面，40%的学生持有可以去看看的态度，11%的学生表达了非常喜欢的态度。

随着时代的发展，国际的交流愈加频繁，在文化方面就表现为西方节日受到了高校学生的追捧。在笔者针对除了春节之外的传统节日，以及西方节日，综合这两方面最重要的节日是什么这个问题调查中，47%的人持有的观点是西方节日，如圣诞节；45.6%的学生持有的观点是中秋节等传统节日；在广受青年学生欢迎的情人节方面，对中国传统节日七夕节的关注程度与对西方情人节的关注程度仍相去甚远。仔细想想，情人节传入中国不过几十年的时间，但是其热度却远远超过了流传了千年之久的七夕节，这不得不引起人们的反思。

2.对传统文化因素的认同度

尽管"四书五经"诞生于千年之前，它们所蕴含的理念至今依旧具有指导意义，对于现代社会的职场实践仍发挥着关键作用。通过研习这些国学经典，大学生不仅能够更深入地认识和理解中国的传统文化，而且这种学习经历还能激发他们对民族的自豪感，同时增强他们的自信心。

自西方文化流入我国以来，西方思想所秉承的个性及我行我素思想，不断影响着我国最善于接受新事物的高校学生这一群体，使得传统文化中所蕴含的优秀思想逐渐被忽视。这种局面直接阻碍了传统文化的传承和发扬，也为高校思想教育带来了不利影响，使其对未来的发展方向模糊不清。

所以作为培养人才的高校，一方面，不仅要传授学生相应的理论知识，培养实际应用能力；另一方面，还要重视高校学生在文化素养方面的教育，实现提高学生文化素养的目的。

（三）中华民族的传统美德体现不足

我国历来是非常重视道德教育的，在重视增加知识的同时，也教人成为有德行的人。我国当前处于社会的转型期，再加上社会各界均受到多元文化的影响，不仅导致我国传承已久的传统文化失去了权威，还模糊了社会价值判断标准，影响我国高校学生的价值观。

当前高校学生缺乏责任感这一话题的热度一直居高不下，高校学生不关注社会上的不道德现象，没有身为社会一分子的意识。

作为历史遗产和财富，应当对于中华传统美德予以重视，当前高校中频频出现与其违背的现象。在师道和孝道方面的表现尤为让人忧心，作为传统文化最重要的分支，在高校学生上的表现还远远不足。高校学生不仅缺乏集体主义精神，而且社会公德意识也十分淡薄，另外，心理素质也比较差。主要表现在三个方面：首先，在高校学生的思想意识中，他们倾向于将自我价值的实现作为核心关注点，而对社会和集体价值的重要性有所忽略。其次，在物质追求与精神层面的关系上，学生们往往表现出对即时机会的过度重视，追求稳定的生活水平以及高额的经济收益，将实用主义视为人生的重要原则，却对社会责任感的关注不足，有时还会出现极端个人主义的倾向。最后，在处理索取与社会奉献的关系时，他们更强调个人的索取，持有一种将个人贡献与社会索取相等价的看法。在高校学生群体中还有部分学生急于求成，不仅缺乏敬业意识，还存在理想追求淡化的现象。

综上所述，高校学生存在的问题可以概括为：重个人轻集体；重实用轻理想；重利益轻奉献；重等价交换轻付出。在传统道德方面，主要表现在忽视"师"道和"孝"道，一方面，表现在以自我为中心；另一方面，不懂得尊重师长、父母，并且还会产生冲突。

（四）获得传统文化知识的途径有限

为了实现加深学生了解传统文化的目的，很多高校开设了传统文化的选修课程。但是从学生的角度来讲，主要目的是获得学分，为了兴趣而参与到课程中来的学生并不多，所以课堂教育产生的效果有限。在信息化飞速发展的今天，学生要获取传统文化知识，所能采用的渠道还是非常多的，诸如课外阅读、媒体等。如《百家讲坛》，在此之中别具一格的讲授方式，受到了广大高校学生的欢迎。还有一些现代信息交流网站及视频，通过这些手段做的一些有关传统文化的专题，也受到了学生的青睐，对高校学生起到了一定的吸引作用。针对高校学生，在传统文化知识获取途径方面，高校应提起重视并且不断地进行拓宽和深入发掘，只将教育重心放在课堂，已经难以跟上时代的发展了。

第二节　中华优秀传统文化与大学生思想政治教育融合存在的问题

一、在高校教育制度方面存在的问题

（一）存在的问题

1.缺少传统文化教育内容

当前开设关于传统文化课程的高校数量不多。即使有的高校在思想政治理论课方面开设了相关课程，在其结构构成上也存在着缺失，主要表现在政治性内容占整体课程的比重过大，道德性、文化性方面的内容存在比重太小。在高校课程研究中，传统文化教育并未被充分重视，几乎处于一种空白状态。思想政治理论与传统文化的融合，尚未形成有效的模式。尽管各高校为了推广传统文化举办了相关论坛和讲座，但大多数内容是专业性较强的学术报告。

2.缺乏党政有关部门的有力推动和指导

无论是中央，还是地方，针对传统文化教育问题所发布的文件，通常情况下，只进行一般性的号召，以及做原则性的要求，在具体工作方面上缺乏具体规定。另外，在高校的评价系统中，对于传统文化教育的考量往往没有设立专门的标准，导致这一领域既缺少相关机构的监督，同时在评估和学术交流活动中也显得不足。

3.严重缺乏从事传统文化教育的师资

目前高校在传统文化方面具有特长专业人员，往往专注于学术研究，却疏忽了普及性教育，换一种说法就是在进行传统文化教学时，专业性、学术性上占有比较大的比重，对传统文化教育规律的研究还远远不足，知识结构上还存在明显的欠缺。

4.高校图书资料不能满足传统文化教育

目前，在大学图书馆里，传统文化的书籍多为专业性强的著作。这些书对于学生来讲是具有距离感的，并且是枯燥、难以理解的。然而，学生喜闻乐见、既具有思想深度还具有普及性的相关读物，在整体图书之中只占很小的比例。可以说高质量的传统文化教育读本，不仅在大学中处于缺乏的状态，在社会大环境之中同样也是贫乏的。

（二）产生的原因

尽管高校对传统文化致力于培养学生思想道德素质能够起到的重要作用已经十分关注，但也仅仅停留在简要描述阶段，并没有针对其中存在的问题，提出有效的解决措施。在进行思想道德教育的时候，往往是从教育者的角度出发的，缺少换位思考，不能了解怎样的教育才是最优的教育，忽视以人为本的教育理念，从而对学生的学习热情产生了不良影响。

目前，在传统文化和思想政治教育的融合探索中，尽管已经开展了一些有益的活动，但总体上还处于初级阶段。这种融合对于民族精神的培育、中华文化的传承与发展具有深远的意义，它不仅关系到民族的未来，也是一项长远的战略任务。然而，目前相关工作的进展缓慢，状态令人担忧，迫切需要社会各界的高度重视和积极参与。关于这种问题产生的原因，主要有以下两个。

1.人文教育现状不容乐观

文化素质教育，作为人文教育的关键一环，亟须得到更多的关注和加强。当前，我国的高等教育体系正受到一种功利主义倾向的影响，这股风气不仅对教育质量构成威胁，更使得价值教育的地位受到了削弱。价值教育主要指的就是以价值为中心的人文教育，这是传统文化教育得以生存的生命之源。

2.多元文化并存

多元文化冲击了传统文化。东西方思想的不断激荡严重影响了高校传统文化教育的发展。高校学生缺乏冷静思考分析的能力，没有对西方文化的杂质进行有效的过滤。

二、相关学术研究层面存在的问题

（一）研究方法存在误区

1.中国传统文化碎片化

主要表现在通过思想政治教育作用于传统文化，并且使其肢解化、碎片化。不管是在当代思想政治教育理论研究方面，还是在传统文化研究中，相关学者大多是经历过系统的思想政治教育，并且对中国传统文化了解有所欠缺，这直接导致了在阐释中国传统文化时，只能够以当代思想政治教育理论为依据，对传统文化进行碎片式的解析，阻碍了传统文化在其原有面目与内在精神气质上的直接传达，另外在传统思想政治教育方面，不单单缺乏逻辑体系，自足性也处于缺乏状态。

2.逻辑推衍取代实证研究

在当前高校，不管是中国传统文化研究，还是思想政治教育方面的研究，通常情况是利用逻辑推衍的形式，首先，是立足于经典传统文化，在此基础之上寻求思想资源的灵感。其次，在研究学者方面，社会大众群体忽视了传统文化的内容，这直接导致了传统文化的应用价值难以得到实现，阻碍其服务于社会现实。

（二）研究意识与创新性不足

1.缺乏持续性与深入性意识

在中国传统文化方面和思想政治教育方面，尽管已经取得了一些研究成果，但是还存在着一些不足，不管是研究方向，还是研究内容，不仅缺乏持续性，还缺乏深入研究的意识。

2.选题单一与内容重复

在研究方向方面，多是选择简单操作性层面的课题，而对于在理论深度上的思考有所欠缺，这说明还需要继续加强创新性。

（三）学科立场的辨识度不足

中国传统文化和思想政治教育这两者的研究涉及了许多学科，如伦理学、教育学等等，是建立在多种学科理论成果之上的。辨识度不高主要表现在三个方面：首先，在政治伦理方面，还包括古代思想史等方面，没有清晰的界定。其次，在学科交叉方面，既包括独特的学科立场，还包括话语体系，就其在如何区分这一问题上，仍然存在着分界问题。最后，在古代思想政治教育方面，针对其内涵与特质众说纷纭，从而影响了学科的辨识度。

（四）研究广度与深度均有所欠缺

1.研究偏于宏观性阐释

主要表现为偏重于对其宏观视野进行提炼，从而得出具有启示性的教育资源，但是这种资源不仅存在大同小异的问题，还存在对于提炼依据没有追其根本的问题。

2.研究内容解读空泛

主要表现为一是空论、重复性论述占整体比重较大；二是选题空泛、内容雷同。另外对于两者的研究不仅缺乏系统阐述，还缺乏深入探究。

3.缺乏深入分析

研究者在诸多思想家的学说中寻找思想政治教育资源，诸如儒、释、道三种主流形态，具有多种思想，但是针对这些教学资源，一方面，作用于中国传统文化方面，对于其所产生的影响；另一方面，在对于思想政治教育中的运用原则方面。在这两个方面均存在缺乏深入探析的问题。

4.理论的彻底性没有得到展示

中国传统文化蕴藏着丰富的思想政治教育资源，在当前我国学术界之中是缺乏深入研究的。

（五）相关学科与人才建设有待加强

对于中国传统文化和思想政治教育方面的研究方向，研究者提出了相关要求，要求是具有一定的学术功底，但是目前大部分研究者专业知识结构方面比较单一，要么偏重思想政治教育，要么偏重中国传统文化。在两者交叉渗透研究方面，只是进行简单论述产生的学术成果依然有限。另外，不管是在国家相关部门，还是在教育机构方面，或者是在相关学科的建设，以及人才培养方面，不仅在政策支持方面薄弱，而且在经费投入和课题资助方面都相对薄弱。

三、相关高校思想政治教育层面存在的问题

（一）优秀传统文化教育效果不佳

优秀传统文化得以传承的原因，需要综合分析时空场域与教育方式两个方面，将视角转回到高校的思想政治教育中。在当前高校思想政治教育的过程中，部分教育者还是简单地作为中介人角色，只是做着简单的知识传递工作，这种教学方式让学生难以形成认同和共鸣，在学习过程中容易出现厌烦心理，导致传统文化不能深入人心，导致优秀传统文化失去应有的魅力[①]。

（二）高校思想政治教育的单一片面

1.教育功能单一

将培养目标和价值定位作为立足点，存在着忽视、弱化教育功能的问题，不仅具有较为明显的政治色彩，还具有政治功利趋向性，忽视人的自由全面发展，严重缺乏理性精神与人文情怀。

2.教育模式单一

高校所采用的教学模式，通常就是以教师为主导的模式。这种模式强调教育者权威，而对于学生来说，偏重外在的约束管理，忽视了对学生的培养，不仅包括主动性、积极性，还包括自我约束力。在教学实践

---

①余聿莹,潘晓华.中华优秀传统文化与大学生思想政治教育深度融合研究[J].才智,2023(30):37-40.

中，教师往往采用统一的教学目标和评价标准来要求和衡量所有学生，这种做法忽略了个体学生间的差异性。在教学中引导学生时，没有施行一种交互式的引导方式，忽视其所具有的导向作用。

3.教学方法单一

在我国高校中，在思想政治教育方面普遍存在着"单一理论灌输"的教学方法。教学方法僵化，不仅忽视了学生的内在需要，而且在引导学生自我发展方面也有所欠缺。在教学过程中，采用的是以说教为主的教学方法，强调学生无条件服从，缺乏灵活性。只注重思想政治教育方面存在的实效性。

4.教学内容单一

在思想政治教育实践方面，教材内容陈旧单调，在这些教材的内容中，针对社会发展中的矛盾与问题方面的内容，处于缺乏状态，没有综合论述高校学生关注的热点问题和敏感问题，难以满足学生的需要，不利于激发学生的兴趣，也不能引起学生的共鸣。

（三）高校学生的中国传统文化基础薄弱

我国高校学生对于中国传统文化，不管是在认知程度方面，还是在接受程度方面均不容乐观。

在中国传统文化认识与理解方面，高校学生的传统文化素养方面的水平都不高。

（四）融入过程脱离高校学生的生活实际

优秀传统文化逐渐渗透到高校学生思想政治教育之中，要建立在学生生活实际的基础之上，并且通过不断地实践，从而实现提升高校学生基本素养的目的。但是在融入的过程中，现实之中存在的错误看法和做法，直接导致优秀传统文化与高校学生生活世界之间距离的增大，大大削减了融入的效果。

1.重课上轻课下

当前优秀传统文化对高校学生的思想政治教育而言，只是简单的

"点缀"，没有渗透到高校学生的生活之中。主要表现在重"课上"，轻"课下"。具体来讲就是没有将课上与课下进行连接，出现了分离的现象，也就是课上讲得头头是道，课下基本忘掉。对传统文化的教育的最优选择就是在课下也能进行持续性的熏陶，只有这样才可以称为真正的"融入"，并且更加具有实效性。

2.重理论轻实践

主要是指部分教育者对于传统文化的教育，还处于讲授其中具有的思想理论阶段，但是从高校学生社会实践层面来讲，主要表现为教育渗透不足，没有真正起到实践育人的作用。

（五）高校思想政治缺乏中国传统文化教育

我国传统文化经历了五千年的发展，形成了诸多优秀的传统文化思想，这些思想至今影响着中华儿女。高校将思想政治教育与传统文化思想进行融合，不仅可以对高校思想政治教育工作起到重要的推动作用，而且对学科的发展也具有十分重要的意义。但是我国传统文化课程的数量为数不多，并且多数安排在选修课之中，即使开设了相关的必修课程，也只是出现在了部分学期之中，普及性方面是十分有限的。

另外，在中国传统文化及高校思想政治教育课程的设置中，通常会出现一种结构性的不足，这一问题颇为突出。

在我国高校思想政治教育方面的相关实践活动中，虽然所采用的主题通常是围绕中国传统文化而进行的，并且是时刻处于展开的状态，但并没有对其时间进行安排，在形式上，更是没有形成文本要求。思想政治教育工作者对于中国传统文化的认知程度和重视程度直接影响了活动开展。在思想政治教育实践者方面，对于传统文化中所蕴含的教育资源，并没有很好地开发和利用，直接导致在教育资源方面产生了极大的浪费。

第三节　中华优秀传统文化与大学生思想政治教育融合存在问题的原因分析

一、多元文化的影响

（一）西方文化的影响

改革开放以来，由于受到西方文化的冲击，导致学生偏重于自身"地球人"的身份地位，对自己的民族性方面，不管是在身份的保持上，还是在中国传统文化的学习方面，均有所忽视，甚至将继承传统文化视为一种守旧过时。这种问题导致中国传统文化在融入思想政治教育的进程中显得越发艰难。

（二）全球化对文化的影响

伴随着经济全球化的发展，不同国家之间开始频繁交流，并且相互影响。

为应对文化全球化带来的一系列挑战，高校在思想政治教育方面必须加以重视，对高校学生进行积极的引导，让其学会"取其精华，去其糟粕"，学会辩证地看待传统文化。这就要求高校不仅要在日常思想政治教育方面，还要在课堂教育方面，注重传授优秀的传统文化思想，采用科学合理的教育方式，将传统文化渗透于高校学生的行为指导思想之中，这样才能有利于思想政治教育取得实效。

综上所述，考虑到现代社会的具体情况，要想让大学里的思想政治教育持续向前发展，就必须从文化的角度进行深入的探索。

二、我国现行教育体制的影响

（一）教育体制存在的问题

从我国的教育体制方面分析，在很长一段时间中所设置的教育导向，主要是以应试、升学、就业等方面作为目标，带有明显功利性的色彩，直接导致高校学生的思想道德素质和文化素质教育出现缺失，由此产生的不良影响也得以被教育界关注。

为了解决应试教育存在的问题，国家提出了素质教育改革，虽然得到了教育理论界的重视，并且在实践中也逐步取得了一些成效，但还是存在诸多问题，暂时还难以取代应试教育深入人心的位置[①]。一方面是由于应试教育的影响广泛；另一方面是因为素质教育还处于成长发展阶段，与之相适应的教育目标体系等方面还没有发展完善，当前素质教育在我国各地的发展现状，整体来说还没有取得突破性的进展，也就说明我国在全面推进素质教育时，距离这一目标的实现还存有一定的困难，其产生的原因有以下几种。

1.素质教育与应试教育难以抉择

首先，从素质教育的角度出发，能够带来远期利益。其次，从应试教育的角度出发，能够带来近期利益。人们对于这两方面难以进行抉择，导致出现了这一教育改革矛盾，这种矛盾可以说是远期利益与近期利益之间的矛盾。

2.基础教育的导向未变

在我国的基础教育导向方面，依旧是升学，并且无论是在教育行政机构方面，还是在学校方面，对于教育成功与否的评价标准仍然是升学率。在高校及学生方面，高校的扩招直接加剧了学生的就业压力，导致高校与学生更加注重各种实用技能的培养与学习，导致中国传统文化方面相关课程的学习没有得到充分的重视，最终培养出来的学生对中国传统文化缺乏基本认识和理解。

（二）对传统文化课程的重视不够

目前，高校传统文化教育中存在着诸多的问题，高校忽视传统文化的原因有以下几种。

---

①任连军,衡若冰,李晓蓉.论中华优秀传统文化与大学生思想政治教育创新融合[J].西南科技大学学报(哲学社会科学版),2022(3):100-106.

首先，是"急功近利思想"的影响。由于学校将学生的就业率放在了中心位置，直接影响了高校专业课程的设置，使之偏重于易就业的专业，长此以往对于思想素质教育意识就越发淡化。

其次，高校在传统文化对高校思想政治教育所能产生的作用和意义上没能正确评估，缺乏传统文化具有重要价值的意识，更别说意识到将高校思想政治教育与传统文化进行渗透融合，只是简单地将传统文化置于普通课程之中，没有进行过多的关注。

最后，部分理工类院校存在着课程设置不平衡的状态，具有重理轻文的倾向。一方面，在学科建设上，注重培养技术型人才，各理工类院校均存在着不同层次的对于人文社科类的忽视。这种现象在短期内难以改变，高校加强传统文化教育，但收效甚微。

（三）应试体制与学生心理的双重约束

关于传统文化的继承和发扬，应该存在于学生教育的各个阶段，并且不能急于求成，是一个循序渐进且长久的过程。在教学体制的影响下，无论是在高校方面还是学生方面，均过于注重就业率，在这一过程之中就过于偏重专业技能的传授，学生在课下也很少有时间能够涉猎传统文化知识。高校学生几乎将全部精力置于就业的竞争上，专注于各种专业的学习，积极备考各种职业证书，加上高校方面对于传统文化方面的忽视，几乎没有开设相关课程，即使开设了课程，但是由于高校学生没有重视传统文化这方面的意识，导致其成效也是比较低的，这种现状与原因的存在对高校学生接受和践行传统文化产生了不良的影响。

另外还需要引起重视的是，近年来一些低俗文化的流行，对于高校学生产生的影响。低俗文化不仅缺乏现代人文精神，还在传统文化底蕴方面相当匮乏；另外，不仅违背了现代先进文化的走向，还污染了民族传统文化。低俗文化导致了高校学生信仰迷失、行为失范。在当前的时代背景下，高校中独生子女所占的比例从整体上讲还是很高的，学生本就处于不成熟的状态，这种情况加剧了学生的心理脆弱、承受能力低的特点。

"灌输"作为一种在思想政治教育方面重要的方法，但并不是一种简单的灌输，在思想政治教育方面不能单单从教育者的角度出发，对于教学目的的考量，不能重视学生的实际需要，也就是将教学这一词语分开，不仅会削减学生的学习动力和兴趣，长此以往，还会导致学生产生厌学情绪，最终阻碍了思想政治教育的开展。

（四）载体单一与功利教育的共存缺陷

由于我国在教育方面的大环境之下，包括高校扩招、就业压力增大，以及为了在竞争中脱颖而出，导致我国在教育方面出现了一种功利化的趋势。

在课程设置方面，不断加深在自然科学方面所占的比重，从而导致在教育过程方面存在单一化等方面的问题。

（五）部分教师对马克思主义基本理论理解不足

关于中华优秀传统文化方面，将其融入高校思想政治教育时，要求教师具有四个方面的素养，一是要具有丰富的传统文化知识；二是在马克思主义基本理论方面，要做到科学准确地掌握，不仅包括其中的基本概念，还包括基本原理；三是马克思主义基本理论建立在了解透彻的基础之上灵活运用于分析现实问题之中。

在当前高校思想政治教育队伍的现状上来看，90后教师占有相当大的比重，表现出当前教师队伍的年轻化，其所存在的问题主要表现在年轻教师自身的素养上，一方面，不仅在自身知识储备方面，还包括生活阅历等方面，均存在着相对不足的状况；另一方面，表现在对于马克思主义理论还没有深入理解，导致了对于马克思主义的基本理论的运用，还无法实现真正意义上的掌握。

在将传统文化方面的内容渗入高校思想政治教育的过程中，将马克思主义的理论灵活运用于传统文化，可以对其起到甄别的作用，还可以通过方法论来解决融入过程中存在的问题，由于青年教师自身存在在马克思主义认识上的短板，导致传统文化和思想政治教育相融合时产生不良影响。

在融合的进程之中，马克思主义的中国化对于教师提出了要求，是摆放于青年教师面前的课题，是需要不断进行探索发现的时代课题。

三、市场经济高速发展带来的影响

随着社会主义市场经济体制的确立，经济的发展，当代高校学生面临的竞争将会越来越激烈，为了迎接挑战，高校学生逐渐进行有选择地学习，减少学习选修课内容的时间，或是根本不学。

在高校的选修课堂之上，部分学生会选择学习英语或是其他考证资料。高校学生的竞争不仅仅表现在就业上，在高校之内也还存在着种种竞争，诸如竞选学生会、入党等方面。总而言之，高校学生不管是在学习中还是在日常生活中，他们的时间已经被安排得满满当当的，几乎没有时间进行传统文化的研习，那么即使高校在传统文化方面课程的设置上用尽心思，最后全部努力都将付诸东流。

四、思想观念变化与传统文化教育边缘化

受社会综合环境因素的影响，人们的思想观念也产生了变化，关于价值观当前是倾向于实用化，主要内容就是将判断价值的标准，建立在是否能够有效地带来最大的利益之上。这种现象的存在，不仅会带来艰苦奋斗精神的缺失，还会在理想上不断弱化人们的观念，还会淡化人的社会责任感，还包括诚信意识，最终导致根植于高校中的传统文化教育产生了动摇。

从高校自身出发，对于传统文化在教育功能和人文精髓方面不仅存在认识缺乏的问题，还存在缺乏明确有力的指导的问题。这些问题的存在很大程度上导致优秀传统文化教育逐渐走向边缘化。该问题已经发展得越来越明显。这一问题使得高校学生这一群体在价值观、人生观方面，均发生了不同程度上的偏差。部分学者已经意识到问题的严重性，但是由于受诸多主客观因素的制约，使得优秀传统文化教育没有得到足够的重视；在教育制度方面也没有设置可以顺利开展传统文化的制度，

综上现状对于高校学生思想政治教育来说都是不小的冲击。

五、互联网与传统文化教育软环境的不足

当前我国已进入互联网时代，互联网在推动经济发展的同时，更是带来了机遇和挑战。

很多高校学生喜欢通过互联网来进行学习与交流，作为一种全新的文化环境，从互联网本身来讲，不具有文化辨别性，那么就导致在传播优质文化和提供便利时，其所隐含的另一方面就是出现了违背社会文明内容的异质文化，这些不良文化的传播为高校学生带来了不良影响。

面对互联网文化的现状，不能对其进行全面否定，若是能够做到正确借助网络力量，通过中华优秀传统文化的内容来建设优良网络软环境，加强校园网络净化工程将会给高校学生传统文化教育注入清泉活水，使之能够焕发新的活力。

第四章 中华优秀传统文化与大学生思想政治教育融合的机制建设

实现思想政治教育的文化融入对于高校而言，既是时代发展的必然趋势，也对推动教育改革、创新以及社会主义文化繁荣具有重要意义。这一过程需要以文化理念为导向，将思想教育与丰富的文化元素相结合作为核心追求。通过不断探索和实践，找到高校思想政治教育与文化领域有效衔接和整合的路径，从而构建起一套能够系统提升大学生思想道德和科学文化素养的教育融合机制。

第一节 坚持中华优秀传统文化融入思想政治教育的理念和原则

文化融入理念恰当地体现了高等教育中思想政治教育的核心价值与当代特点，明确指导了高等教育在思想政治教学中应遵循的发展方向，构成了其基本指导思想。把文化整合到高校思想政治教育的主脉络及其运作过程中是新时代背景下高校思想政治教育发展的重要趋势。这一做法不仅展现了高等教育中思想政治教育发展理念的演变，同时也是提升新时代高校思想政治教育有效性、推进其科学化发展的关键步骤。

一、树立文化融入的基本理念

为了将高校思想政治教育文化融入的基本理念具体化，我们需要明确其融入的目的。接着，我们要掌握文化融入的程度，了解文化融入的产物，并建立文化融入的理念。同时，我们还需要找到文化融入的切入点。

（一）文化融入的目的

在推进社会主义文化强国建设的背景下，"文化融入"已经变成了高校思想政治教育改革和创新的一个关键理念。它本质上是一种以人为本、注重个体价值的教育理念，强调在教育过程中要尊重和发挥每个人的主体作用。文化融入的实质在于，它基于人们对知识的渴望和对自由的追求，鼓励通过自主学习、自我努力、自我创造和自我实现来激发个体的积极性、主动性、自觉性和创造性。这种教育方式旨在通过文化的深度融入，使每个人都能够在追求个人成长和发展的同时，也为社会主义文化强国的建设贡献自己的力量。

为了提升人们的积极性、主动性和自觉性以及创造性，我们需要在思想政治教育中生动地体现这些元素。推动高校思想政治教育的文化融合，就是让人们在学习、生活和内心层面与国家和地方的政治思想、价值理念、风土人情以及习俗习惯相互融入，从而促进个体与社会、政治、文化以及环境之间的和谐，为发挥思想政治教育的文化作用和文化的思想政治教育作用打下坚实的基础。

（二）文化融入的程度

文化融合度衡量的是社会文化在高等教育中的思想教育活动中，能够被教育者及学生所接受的范围。它不仅展示了文化对于思想教育者和学生接受的尝试程度，也显示了他们对于这种文化的接纳程度。通过测量文化融合度，可以对文化的影响力及其在高校思想政治教育中的作用做出全面和客观的分析。

为了精确评估高校思想政治教育中文化元素的整合程度，我们必须采取一系列措施将其融入效果以可量化的格式展现出来。这意味着要综合分析教育内容与文化的结合状况，并针对整体及细节层面进行详尽的了解。通过这种方法，我们能够对高校思想政治教育中文化融合的深度和广度有更加完整的把握。

在探讨文化对高等教育中思想政治教育的影响时，我们需明确文化是整体融入教育体系，还是仅作为其中的一部分。文化融合的范围和程度如何，以及这种融合的进展如何，都是研究过程中需要回答的关键问题。这些问题的答案并非由文化融合的理论直接决定，而是受到经济发展、社会进步与时代需求的影响。

（三）文化融入的产物

从融合的本质来说，融合往往导致事物性质的变革，催生出新的实体或者赋予原有事物新的属性。举例而言，一旦某物A与另一物B相融合，形成了新的事物C，原事物A可能会消失，也可能保留下来，甚至可能仅作为新事物C的一部分或特性继续存在。而这种融合所形成的新事物C，往往会对原事物B的若干特性进行改变，这些改变可能是对原事物B某些方面的改良和创新，或者完全作为一个全新的实体与原事物B迥然不同。因此，当将文化融入思想政治教育中，我们得到的新事物又会是怎样的呢？它是一个全新的社会活动形式，还是仅仅是对传统思想政治教育的一种延续与创新呢？

高校思想政治教育与文化的融合，旨在优化它们的效能和影响力，为社会发展贡献更多价值。这一过程中，应保持对思想政治教育和文化各自独立性的尊重，认识到两者作为不同的社会活动是相互独立的存在，不能互相取代，也不可能完全融为一体。在推进这种融合的过程中，并不意味着文化会被削弱或其功能会降低，相反，这有助于加强文化的作用和地位。

在促进高校思想政治教育与文化整合中，核心目标是在拓展思想政治教育与文化交汇点的前提下，利用文化的独到之处以及文化建设的成功实践和策略，来激发高校思想政治教育的革新和发展。这一进程实际上也促进了社会主义文化的进步，通过充分发挥高校思想政治教育的作用。

为了促进高校思想政治教育中文化元素的深入整合，必然会赋予这一过程某些新的性质和特征，由此孕育出一个崭新的思想政治教育系统化框架。这一框架既区别于单纯的社会主义文化建设工作，也与单一执行的思想政治教育活动有所不同。它代表了思想政治教育与文化元素在相互融合、相互影响中形成的有机体系。尽管有了这种转变，高校思想政治教育的核心宗旨并未发生变化，而是在不断丰富和发展的过程中增强了其内涵和实践的广度。

（四）文化融入的意识

将思想政治教育与文化融合纳入高等教育体系，并非一蹴而就之事，而是需要通过不懈的长期努力来达成。因此，我们必须充分认识到在促进社会经济发展与培育社会主义优秀代表的过程中，思想政治教育与文化融合的关键作用。这一过程应被视为提升教育质量的重要任务，并尽可能被纳入国家发展的总体规划之中，从而建立系统化的、长效的文化整合策略，并确保其协调一致地实施。

在高校教育体系中，提升思想政治教育与文化教育的融合程度是至关重要的。这一过程需要我们建立一种更紧密的联系，使得两者能够相互补充和促进。我们必须重视它们之间的互动和整合，不能仅仅将它们视作独立存在，或者以简单的配比来处理。相反，应当寻求两者之间的和谐平衡，实现真正的整合，以此促进学生在思想道德修养和科学文化素质方面的全面发展。

为了提升高校的思想政治教育和文化融合意识，我们需要强化整合和渗透的意识。首先，我们应该避免让思想政治教育和文化仅成为形式化的活动，而要确保其具备深刻理念性和思想性。其次，我们必须确保高校思想政治教育与经济社会发展紧密联系，使其在各个领域都能发挥作用，从而营造一种充满文化氛围和情感激励的环境。最后，我们应当防止片面性，即在强调文化时不忽视思想政治教育，而在加强思想政治教育时也不弱化或排斥社会主义文化。

为了加深对高校思想政治教育与文化融合重要性的理解，我们必须主动学习人类在文化发展上的成功案例，并从中吸取灵感。我们应当积极吸收中国传统优秀文化和西方文化的优秀成分，并且利用中国特色社会主义文化的先进特点来不断充实和优化我们的思想政治教育资源和策略。通过这样的互相学习和促进，我们旨在推进高校思想政治教育与文化的深度融合，使之相互加强、共同繁荣、共同发展。

（五）文化融入的切入点

将高校的思政教育与文化融合作为发展重点，积极寻找二者结合的有效途径是至关重要的。这不仅能够促进两者的相互影响和相互渗透，还能达到相互促进的效果。例如，在营造良好的工作和生活环境方面，通过校园环境的规划、绿化美化以及小区亮化工程等措施，为学校师生提供一个更加优雅的环境氛围。同时，通过打造文化长廊、展示先进典型等方式，让广大师生接触并吸收更多的优秀文化信息，为学校的思想政治教育引入新的活力和动力。

1.应找准文化融入的定位，将工作的着力点放在基层

在基层党组织中，我们需找到高校思想政治教育与文化结合的关键点。这将有助于将高校的思政教育和文化活动深入基层，确保任务的有效完成。通过让这些工作深入到每个群众中，可以激发大家的积极性、主动性和创新性。我们应重视基层的思政教育和文化工作，紧密围绕国家的核心任务进行。把促进经济社会全面发展、改革创新，以及提高经济效益和社会效益作为工作的出发点、切入点和落脚点，从而提升工作的主动性、针对性和实际效果。

2.注意区分文化融入的结构和层次

文化的结构可以分为四个关键层面：物质文化、行为文化、制度文化和精神文化。这四个维度为探索思想政治教育与文化的结合提供了不同的切入点。通过这些文化层次，我们可以识别出内容原则、方法载体以及制度机制等方面与思想政治教育的有效融合之处。

（1）实现物质文化层面上的融入

物质文化通常体现在具体的、可感知的实体之中，这些带有特定文化特征的实物能够充当思想政治教育的重要工具。通过优化我们的环境设计，打造蕴含丰富文化意义和教育价值的建筑与展览作品，并运用广告宣传、优质服务以及亲身体验等手段，我们能够促进公众对社会思想文化价值和观念的认可，从而有效提升物质文化的影响力和渗透力。

（2）实现行为文化层面上的融入

行为文化体现在个体和集体的特定社会行为之中。它对社会组织的结构、成员的价值观念以及行为偏好产生显著的影响，并引导这些因素与社会发展的期望和目标保持一致。此外，行为文化在塑造人们的思想政治态度方面发挥着关键作用。通过考虑当前的社会环境和政治需求，我们可以明确行为文化的方向性，加强其针对性，使其成为指导和规范思想政治教育活动的有力工具。

（3）实现制度文化层面上的融入

制度文化通过政治体制、政策和行为规范等手段，对人们的行为进行强制性的约束，并体现了一定的价值取向。它能够与高校的思想政治教育体系有效融合。换句话说，高校的思想政治教育体系也构成了社会制度的一部分。为了提升社会的价值导向和对日常行为的规范作用，我们需要进一步完善社会价值和道德规范，优化社会制度的运行机制。这样的努力将为思想政治教育在文化层面的整合创造一个更加完善的制度环境。

（4）实现精神文化层面上的融入

精神文化主要反映在社会的主流思想观念和价值导向上，体现了社会主导意识形态的本质。它不仅代表了社会的政治理念和思想意识，而且其内容本身构成了高校思想政治课程的核心部分。比如，社会主义理论体系、社会主义核心价值以及中国特色的社会主义文化等元素，都是构成社会主义精神文明建设不可或缺的重要组成部分，同样也是高等教育中思想政治教育的关键内容。因此，将精神文化的核心要素融入思想政治教育之中，可以有效地向公众传达和教育精神文化的价值。

二、确立文化融入的主要原则

在确立文化整合作为基本理念的同时，我们还需要明确高校思想政治教育中文化融入的基本原则。这些文化融入的基本原则包括方向性原则、系统性原则、主体性原则、创新性原则、相互补充渗透原则等①。

（一）方向性原则

高校思想政治教育和社会主义文化建设旨在全面提升公民的思想道德与文化素质，培养中国特色社会主义事业的接班人，为"两个一百年"奋斗目标及中华民族伟大复兴的中国梦贡献力量。在推进高校思想政治教育的文化融入过程中，必须坚守正确的导向，确保始终为人民服务、服务于社会主义事业的发展。

1.坚持为人民服务的发展方向

为了促进高校思想政治教育与文化的融合，应当充分利用高校在思想政治教育和文化构建方面的独特方式和有效手段来服务于社会大众。具体来说，可以通过教育文化和科技普及等方法逐步提升公众的思想道德和科学文化水平，从而为推动社会生产力的发展提供坚实的思想基础和智力支撑。在推进高校思想政治教育与文化的结合过程中，必须始终秉持为人民服务的宗旨，通过精神激励和舆论引导等措施，创造一个积极健康的文化环境，保障社会主义沿着全面、和谐且可持续发展的道路前进。同时，不断推出新的文化和精神产品以满足公众日益增长的文化需求，进一步丰富人们的精神世界、增强人们的精神力量，并实现人的全面发展。通过这些措施，可以更好地将思想政治教育与文化融入结合起来，为社会的全面发展做出贡献，同时确保了社会主义的全面、协调、可持续发展。

---

①程喆,陈竞博.中华优秀传统文化融入大学生思想政治教育的原则和方法[J].吉林教育,2021(11):79-81.

2.坚持为社会主义服务的发展方向

高等教育中的思想政治教育与社会主义文化构建均显著体现意识形态特性。在强化高校的思想政治教育及文化建设过程中，必须持续遵循社会主义的正确导向，确保高校思想政治教育与文化的融合沿着社会主义发展路径前进，这对于促进高校思想政治教育的发展极为关键。

（二）系统性原则

从系统的角度来看，高校的思想政治教育和文化建设是两个独立的系统。但是，如果我们从社会大系统的维度考虑，它们也可以被视为一个整体系统中的两个不同部分。由于这两者的性质和功能相互补充，因此它们之间存在着紧密的联系和高度的一致性。要促进这种联系，我们需要推动两者在高校环境中的深度融合。这意味着实现文化与高校思想政治教育在整体系统中的有效整合，以及系统中各个元素之间的和谐共存，以发挥出它们共同的最大效用。简而言之，通过将思想政治教育与文化融合，我们旨在提升两者在高等教育中的整体作用，并确保它们的协同发展能够为学生提供更加丰富、多元的学习体验。

在推进高校思想政治教育与文化相融合的过程中，必须强调教育与文化的平衡发展，对高校的教育与文化的建设进行综合、系统和前瞻性的规划。既不能偏重某一方面而忽视另一方面，也不应只关注一方而忽略另一方的重要性。需要全面认识到，在高校中，思想政治教育与文化是互相促进、不可分割的整体。若忽视其中任何一个领域，另一个领域的发展也将受到限制。鉴于此，推动高校思想政治教育与文化融合时，要采取全方位和同步的推进策略，重视整合各种资源，进行合理的规划，并做好全面的协调。通过这样的方式确保高校思想政治教育、文化乃至整个系统的各个方面都能实现科学的、协调一致的以及可持续的发展。

（三）主体性原则

为有效促进高校思想政治教育的文化整合，必须坚持主动性原则并培养主动意识。同时，需要激励广大群众积极参与和发挥其创造性作用，以确保文化融合在思想政治教育中能够取得显著成效。

在推进高校思想政治教育与文化的融合过程中，我们强调主体性原则，即以人为本的原则，旨在强化广大人民群众的主体意识。这意味着我们要将人民群众视为推动文化融合的主导力量。为了实现这一目标，我们需要：①激发和提升人民群众在文化融合中的主动性，通过加强思想政治教育和文化发展来提高他们的思想政治素养及科学文化水平。我们的工作重点在于促进个人成长和发展，致力于培养能够适应社会主义建设需要的优秀人才，并最终达到人的全面和谐发展。②动员广大人民群众积极参与到思想政治教育的文化整合工作中，唤醒他们的主体性意识，并确保他们在推动文化融合方面发挥核心和关键作用。③增强群众的自我意识，鼓励他们自我认知、自我提升，努力成为具备优秀品质的社会主义公民。通过以上措施，我们将确保在推进文化和思想政治教育融合时，始终坚持以人为本，尊重并发挥人民群众的主体作用。

（四）创新性原则

时代性与创新是当下社会前进的核心标志。随着现代社会发展速度的加快，人们的生活方式、思考模式以及价值观念正经历着深刻而前所未有的变革。为了与时俱进、推动社会的改革与创新，我们必须紧密跟随时代的脉搏。同样，在推进高校思想政治教育和社会主义文化建设方面，我们也要积极适应中国改革开放的潮流，并与全球发展的大趋势保持同步。提出将高校思想政治教育和文化融合，这不仅是社会发展的自然要求，也是时代创新精神的具体表现，更是高校在教育和文化构建上创新发展的关键方向。

在推进大学思想政治教育与文化整合的过程中，我们须坚持与时代发展同步的原则，紧跟社会发展的步伐。无论是超前还是落后，都将影响大学思想政治教育和文化的建设效果。因此，我们应该在推动大学思想政治教育和文化的协同发展中，把握时代特征、紧握时代脉搏，关注社会热点，关心民众需求，推动两者的创新融合。这种创新融合可以在多个层面和方向得到体现，包括教育内容的更新、教学方法的改进、教学载体的革新等。

（五）相互补充渗透原则

在努力实现高校思想政治教育与文化融合的过程中，我们应重视两者的相互促进和互补性。要发现并利用它们各自的内容优势，遵循互补和渗透的原则，互相借鉴、共同进步。通过文化，思想政治教育可以更好地渗透到社会生产和经营管理中，提高其针对性、时代性和有效性。同时，高校的思想政治教育也应发挥其资源优势，推动社会主义文化建设等各项工作。因此，在工作中我们不能只注重没有政治生命力的文化，也不能只进行空洞的教条式教育。社会主义文化建设应广泛吸收高校思想政治教育的政治性和思想性内容。高校思想政治教育也应积极吸收文化建设的主体性内容，借鉴其优化社会环境、营造良好氛围、坚持寓教于乐的方法。

为了促进高校思想政治教育的文化融入和提升其自觉性，我们必须认识到这一教育领域的核心特性——强烈的意识形态导向。在社会的持续演进中，思想政治教育应始终维护正确的政治导向，确保其内容和方法服务于国家的政治需求和中心工作。此外，高校思想政治教育的有效性在于它的实践性和应用性，它必须与社会实践紧密结合，反映在各个层面和环节。然而，强调思想政治教育的实践性和服务性，并不意味着它可以被视为次要或从属的部分。相反，高校思想政治教育在培养全面发展的人才和推动社会全面进步中扮演着不可替代的角色。因此，我们不仅需要强化高校思想政治教育的实践性，还要确保其在教育体系中保持一定的独立性和自主性，这是实现其自觉和有效促进学生全面发展的关键所在。综上所述，高校思想政治教育的发展和实施应当既坚持正确的政治方向，又注重与社会实践的融合，同时也要保持其教育的独立性和自主性，以此促进社会和个体的全面进步。

第二节　扩大中华优秀传统文化融入大学生思想政治教育的范围

文化内容的融入是高校思想政治教育的核心，其科学性、合理性直接影响着教育效果和实效性。在确定融入内容时，需明确以先进的教育理念为前提的主线和方向。高校思想政治教育包括理论教育、路线方针政策教育、远大理想和中国特色社会主义共同理想教育等，旨在通过系统教育和日常教育提高人们的政治素质和文化素质。推动物质文化、制度文化、精神文化的融入，促进思想政治觉悟和文化修养的提升，是当前的重要任务。

一、坚持以中国特色社会主义为核心教育内容

在建设中国特色社会主义的进程中，我们国家开辟了独特的发展道路，构建了一套科学的理论框架，并不断优化和完善了相应的制度体系。这些成就是我国在探索、建设及改革开放中取得的关键性成果，我们应当珍视并坚定地继续前行。具体来说，这条发展道路为我们指明了实现目标的具体路径，这套理论体系提供了前进的行动指南，而这套制度则成为我们努力的根本保障。这三者相互关联，共同构成了中国特色社会主义实践的核心要素，也是我们党和民众在长期社会主义建设过程中形成的独特优势。

（一）加强中国特色社会主义道路坚定性教育

为了加强我们对中国特色社会主义道路的信念和决心，我们必须全面了解其丰富内涵和深远意义。我们要深刻把握这条道路的科学体系、实践经验和显著优势，从而不断增强对中国特色社会主义的道路自信。通过深入学习和实践，我们能够更加坚定地走在这条符合中国国情、具有强大生命力的正确道路上，为实现中华民族伟大复兴贡献力量。

1.充分认识中国特色社会主义道路的内涵和意义

中国特色社会主义道路是中国人民在中国共产党的领导下团结奋斗的成果，体现了中国各族人民的智慧和付出。这一道路经过实践检验，被证明是中国人民的历史选择，是实现社会主义现代化、推动中华民族伟大复兴以及引领当代中国发展进步的正确道路。它代表了科学发展的方向，并符合中国的国情与时代要求。

解决问题的根本在于确定旗帜和道路。党的十八大报告精辟阐释了中国特色社会主义道路的含义，对这一关键问题提供了科学的答案。中国特色社会主义道路是在我国的领导下，秉持改革开放方针，释放并推进社会生产力，构筑社会主义市场经济、政治、文化、和谐社会、生态文明，推动人民全面进步，逐步走向全民共同富裕，致力于建设一个富强、民主、文明、和谐的社会主义现代化国家。

2.不断增强中国特色社会主义的道路自信

道路自信体现了公众对中国特色社会主义正确性和实效性的认同，这增强了人们对未来发展的信心。改革开放以来的经验证实，这条道路符合我国的国情和时代要求，满足了经济社会发展的需求和人民的期望，是通往国家富强和人民幸福安康的正确选择。坚信只有中国特色社会主义才能推动中国的发展，没有其他选择可以替代。我们应当坚定这一信仰。

维护中国特色社会主义道路的自信，意味着在发展道路上我们要既不自卑也不自负，坚决避免走封闭保守的回头路，也不能误入放弃社会主义原则的岔路。坚持改革开放是我们坚持和发展中国特色社会主义的必由之路，如果停止改革，就意味着倒行逆施，会导致社会失去前进的动力和创新的活力，进而可能出现发展停滞甚至倒退的局面。同时，简单模仿其他国家的制度，无异于背弃了社会主义道路，会使我们偏离正确的方向，走上一条错误的道路，这最终可能导致经济发展受阻、人民生活水平下降、社会不稳定等严重问题。

（二）加强中国特色社会主义理论体系教育

中国特色社会主义理论体系是在推进改革开放与中国特色社会主义建设的历程中形成的，这一理论成果是将马克思主义基本原理与当代中国实际紧密结合的产物，为党在新的历史条件下开展中国特色社会主义事业提供了重要的理论指导。思想政治教育和文化建设是中国特色社会主义事业的关键组成部分，也是新时代中国特色社会主义意识形态建设的重要内容。在这些领域，必须坚定不移地以中国特色社会主义理论体系为根本指导思想，并将其核心内容贯穿于思想政治教育和社会主义文化建设的各个方面。

1.充分认识中国特色社会主义理论体系的重要性

中国特色社会主义理论体系是在马克思列宁主义、毛泽东思想基础上不断发展和完善的，与这些理论体系一脉相承并紧跟时代步伐。这一理论体系不仅指导着中国的改革开放和经济社会全面发展，也体现了中国对人类社会发展、社会主义建设以及共产党执政规律的深刻理解和不懈探索。作为一个科学体系，它凝聚了党的智慧，是全国人民共同奋斗的思想基石，也是中国最宝贵的财富。

坚持并发展中国特色社会主义理论体系对于塑造全党乃至全民的精神风貌起着至关重要的作用。深化对这一理论体系的理解与传播，不仅有助于加强社会主义旗帜下的意识形态认同，而且对于坚持我国的社会主义发展道路、优化社会主义制度具有积极影响。此外，它也有助于巩固公众对于实现国家长远目标和共筑中国特色社会主义理想的信念，提升全民的思想政治觉悟和道德文化水平，并且增进大家实现科学发展和促进社会和谐的能力。

2.学习和实践中国特色社会主义理论体系

中国特色社会主义理论体系，是实践经验的智慧结晶，是一个科学的理论体系。这个理论体系，唯有在实践中得到应用，被广大人民群众掌握，才能发挥出强大的力量。我们深刻认识到，构建中国特色社会主义理论体系的目的，不只是为了丰富和发展马克思主义，更重要的是为了指导实践、解决问题，推动我国各项事业的发展。因此，我们应当注重把这些科学的理论运用到实际工作中去，用理论来引导实践，让理论在实践中得到验证、在实践中不断丰富和发展。同时，我们把学习和实践中国特色社会主义理论体系，作为一项长期的战略任务，致力于提高全国人民的马克思主义理论素养。

学习与实践中国特色社会主义理论，不应该是零散和片面的，而是要采取一种系统的、全面的和完整的学习态度。这意味着，我们不仅需要把握理论的核心与灵魂，还要深入了解中国特色社会主义理论体系背后的宏大背景、深远的意义、明确的道路、宏观的战略、艰巨的任务、强大的动力和宏伟的目标。除此之外，为了巩固理论学习，必须将学习中国特色社会主义理论与深入研读马克思主义经典相融合，以此加强理论根基，提升理论认识水平，并增强对马克思主义理论的坚定信仰和清醒意识。

3.丰富和发展中国特色社会主义理论体系

中国特色社会主义理论体系，作为马克思主义在中国具体实践下的最新发展，代表了马克思主义在中国的发展新高度。这一理论体系并非静态不变，尽管它已经为我国的发展提供了强有力的指导，但面对新的实践挑战，它仍需不断地吸收新经验、适应新环境，进一步充实和提升自身。这种持续的丰富和发展，是马克思主义理论不断前进的本质体现。

中国特色社会主义理论体系的丰富和发展是一个持续的过程。为了跟上新时代的步伐，我们必须在社会主义初级阶段的基础上，用马克思主义的视角分析国内外形势，明确时代主题。我们应把握我国的基本国情，认识到改革的必要性和挑战，确保理论指导实践，并在实践中不断创新，从而推动理论的不断完善，以适应新的社会挑战和需求。

（三）加强中国特色社会主义制度优越性教育

每个社会都立足于特定的社会体制之上，并致力于构建具有显著优势的体制，这是所有社会群体的共同目标。

中国特色社会主义制度的确立和发展，反映了历史的进程和中国人民的意愿。这一制度融合了社会主义与中国特色，是在中国国情的基础上，将科学社会主义原则与国内外的实际情况相结合而形成的一套独特体系。由于它坚守科学社会主义的核心理念，同时又与中国发展的实际相结合，推动了中国特色社会主义事业的成功，从而展现了其显著的优越性。

中国特色社会主义制度覆盖了广泛的领域，涉及根本政治架构以及基础政治和经济体系，此外还包含了众多经济、政治、文化、社会及生态机制和体制。这些互为补充的制度、体制和机制共同定义了特色社会主义制度。在推进现代化建设的进程中，该制度显示出其强劲的生命力、巨大的活力和集中的凝聚力。它不仅促进了国家的持续活力，还激发了民众及社会各界的积极性、主动性和创造性；它助力释放和发展社会生产力，推动经济与社会的全面进步；促进了社会公平与正义，助力实现全民共同富裕的目标；使咱们能集中力量解决重大问题，有效面对发展中的各种风险和挑战；同时，它还有助于维护民族团结、社会稳定和国家统一。

中国特色社会主义制度的优越性在于其能够不断自我发展和自我完善。社会制度的成功与否，取决于它是否与实践和时代同步发展。中国特色社会主义制度恰好在这方面具有明显优势，它紧密联系国家实际情况和时代脉搏，不断调整、发展和完善自身。这种制度的自我驱动要求一方面遵循其内在发展规律，另一方面对我们的工作提出了明确要求。为了推动和发展中国特色社会主义制度，我们需要一方面培养创新思维，区分不同层级的制度机制，另一方面保持开放态度，吸收人类文明的优秀成果，以此来提高制度的适应性和时代感，通过具体措施在社会实践中不断完善各种制度机制，丰富中国特色社会主义制度的内涵。

二、以社会主义核心价值观为共同导向

价值观念或价值体系构成社会文化的核心要素。每个国家和社会都有其特定的核心价值体系，这个体系在经济社会发展中占据核心地位，起着关键作用。社会主义核心价值观是社会主义文化的核心要素，它决定了社会主义文化的本质和方向。建立社会主义核心价值观有利于巩固马克思主义在我国思想文化领域的指导地位，引导社会多样化的思想，有效抵制错误思想的侵蚀；有利于形成全社会的共同思想基础，应对改革开放和社会主义市场经济带来的思想观念的新特征，如变动性、差异性和多变性；有利于团结和带领全国各族人民共同努力进步，为实现中国特色社会主义和中华民族伟大复兴而奋斗[①]。

（一）加强社会主义核心价值观的学习教育

社会主义核心价值观是中国人民团结奋斗的精神旗帜，也是党引领社会和凝聚社会共识的重要工具。在学习和实践社会主义核心价值观的过程中，中国共产党应该发挥主导作用。这个过程可以分为三个阶段：首先是让人们理解和接受这些价值观；其次是将这些价值观融入教育和管理中；最后是让这些价值观在社会实践和日常生活中得到体现，成为人们共同的精神信仰和基本价值取向。

1.使社会主义核心价值观获得人们的理解和认同

强化社会主义核心价值观的教育，首先基于普及对其理念的认知与接纳，促进公众对其价值的内在认同。这需要公众清楚地掌握核心价值观的基本内涵与实践要求，结合实际生活实例，做出明白晓畅的诠释，以激发大家的兴趣与认同感，促使其在精神上产生共鸣，在认识上达成一致。其次，要提升公众对核心价值观学习的积极性，加固其思想基础，加大对其理念的重视。持之以恒地将核心价值观作为思考与行动的

---

①游珍花.中华优秀传统文化融入大学生思想政治教育研究[D].武汉:武汉理工大学,2021.

指南，稳固政治立场，保持理智思维，逐步提升个人的责任感、使命感、对于整体局势的洞察力以及对于社会责任的认识。最后，要在情感层面深化对核心价值观的感应。借助杰出人物和鲜活的案例，充分展现核心价值观所包含的人性光辉，使公众在学习过程中找到精神的慰藉与依托。

2.将社会主义核心价值观融入教育管理中

要将人们的想法转化为实际行动，关键在于将社会主义核心价值观融入社会生活的各个层面，并贯穿于教育和管理的全过程。换言之，社会主义核心价值观应渗透到经济建设、政治建设、文化建设、社会建设、生态建设等领域，成为人们日常工作、学习、生活的内在要素。一方面，应在政策制度上发力，将社会主义核心价值观融入各项路线方针政策中，体现在规章制度和组织生活各个层面，使其成为引导人们思想和行为的重要力量。另一方面，应注重人们的学习实践，力图使社会主义核心价值观成为教育学习的核心内容，成为党员评议、干部选拔的重要依据，使人们在教育过程中深刻体验到社会主义核心价值观的力量和魅力。

3.将社会主义核心价值观体现在实践上

进行社会主义核心价值观的学习和教育，最终需要在实践中得到体现，确保社会主义核心价值观的核心内容和基本精神贯穿于人们的日常行为和社会实践中。

为了实现这一点，关键在于充分发挥党员和领导干部在基础层面的示范和带动作用。他们的一言一行对广大民众具有显著的示范效应，同时也在很大程度上影响着公众对社会主义核心价值观的认同和践行。因此，广大党员和领导干部应率先学习、主动践行、以身作则，以自己的实际行动引领群众自发地践行社会主义核心价值观。同时，他们也应自觉地以社会主义核心价值观为指导，提升自身的思想道德修养和精神境界，通过自身的表率作用，引导广大群众努力培养高尚的道德品质和健康的生活态度。

（二）积极培育和践行社会主义核心价值观

社会主义核心价值观是推动社会文化进步的关键，它为人类的生存与发展提供了思想支撑，同时也指引着社会的精神导向与前进路径。为了充分发挥思想政治教育的作用，关键在于积极进行社会主义核心价值观的教育与引导。

1.倡导富强、民主、文明、和谐

我们提倡富强、民主、文明、和谐，这主要是从国家层面出发，规定了我国社会主义核心价值观的发展目标。在社会主义初级阶段，这是全体人民共同努力的奋斗目标。我们要解放和发展生产力，消灭剥削，消除两极分化，最终实现共同富裕。这些是社会主义的本质要求，它集中体现了我国最广大人民群众的根本利益，也体现了社会主义制度的优越性。社会主义的本质，内在地包含了富强、民主、文明、和谐的核心价值理念。

社会主义作为先进生产力的象征，具备极大的释放和发展生产力的潜力，进而创造出更加繁荣的物质与文化成果，达到国家富强、人民幸福与民族复兴的目标。自从近代以来，中国人民一直怀揣着实现国家富强、民主、文明、和谐的梦想，这一目标不仅能够激发人们的热情和斗志，还能够团结最广大人民的智慧和力量。

国家富强意味着引领民众走向富裕和强大，这体现了我们将经济建设作为核心，将发展视为首要任务，并迅速推进经济社会的发展，这是我们追求的重要目标与价值理念。民主是指我们积极推动社会主义民主的发展，致力于建设社会主义法治国家。文明涵盖了社会主义的物质、精神、政治和生态等多个方面，是全方位的进步。和谐，源自中国儒家的"和"理念，要求我们维护人际、人与社会、人与自然的和谐关系，并坚持不同民族、地区、领域的和谐共存。富强、民主、文明、和谐，这四个方面共同体现了经济建设、政治建设、文化建设、社会建设以及生态建设"五位一体"的协调发展理念。

2. 倡导自由、平等、公正、法治

社会主义国家的核心价值在于自由、平等、公正和法治，这些理念构成了其制度设计的基石。与此同时，西方资本主义国家亦提倡自由、平等和博爱，但这些价值观在资本主义体系中往往难以得到真正贯彻，原因在于资本主义的私有制本质。历史和现实均表明，唯有建立在公有制之上的社会主义制度，才能确保人们权利的平等，实现真正的公平与正义。正如马克思、恩格斯指出的："真正的自由和真正的平等只有在公社制度下才可能实现……这样的制度是正义所要求的。"

我国社会主义核心价值观的价值导向主要体现在社会层面，包括倡导自由、平等、公正、法治等原则，这些原则揭示了社会主义社会的基本价值属性和核心价值理念。作为马克思主义政党，中国一直将实现人类解放和人的自由全面发展视为自己的终极目标，并为此不懈努力。这一价值目标已被明确写入中国的相关报告，并在重要会议和文件中多次强调。

在各项工作中，我们始终秉持尊重和保障自由的原则，进一步弘扬人民的主体精神；更加重视人民群众的创新活力，全面保护群众的各项合法权益。社会主义所追求的平等，是使全民能共同分享改革与发展成果的平等，是有法律制度作为保障的平等。公平正义，即权利、机会和规则的平等，需要我们不懈努力打造一个公正无偏的社会环境，确保人民群众在平等的条件下一同参与、竞争和发展。构建社会主义法治国家是我们的目标，这是推进社会主义政治文明建设的核心。在建设法治国家的过程中，我们坚决贯彻党的领导、人民当家作主与依法治国的有机统一，同时注重法治与德治的相互补充。

3. 倡导爱国、敬业、诚信、友善

倡导爱国、敬业、诚信、友善，主要是为了规范公民个人层面的社会主义核心价值观的道德准则。这四个方面是我国公民基本道德规范的核心，揭示了公民在思想道德和行为规范方面的基本要求，是我国公民必须遵循的根本道德准则和基本道德规范。

爱国主义是民族精神的核心，体现了对祖国和人民的深情厚谊。身为公民，我们应首先树立对国家的深厚感情。敬业是对个人职责的尊重，体现在对工作岗位的热爱与投入，通过努力工作为国家的繁荣做出贡献。诚信则是社会主义市场经济的基石，规定了公民应恪守的道德原则，只有通过诚实守信的共同努力，才能减少市场失范行为，提升社会信任度。至于友善，它是对人际交往中和谐与友爱的基本要求，旨在促进人与人之间的相互尊重与关爱。

每个人都应当热爱自己的国家、关心社会、珍惜家庭、照顾自己以及关爱他人，推动爱的传播，增进人与人之间的感情，消除任何形式的冷漠与轻视，营造一个充满爱心的社会环境。

三、大力发展中国特色社会主义文化

中国特色社会主义文化是塑造社会主义现代化公民的关键部分，涵盖了社会主义文化建设和思想政治教育的核心内容。致力于培育有理想、有道德、有文化、有纪律的公民，这与思想政治教育的宗旨相契合。积极发展中国特色社会主义文化，借由其教育广大民众，不仅丰富了思想政治教育和文化建设的内涵，而且促进了二者在内容上的有机融合。

（一）坚持先进取向，建设中国特色社会主义的先进文化

先进性是中国特色社会主义的核心特征，它是实现社会主义现代化建设的关键要素。本质上，我们所追求的中国特色社会主义，必须是领先于时代的社会主义，一个能够推动社会发展和提升民众生活水平的社会主义。同样，发展中国特色社会主义文化，也要秉承先进性的原则，积极培育和发展社会主义先进文化。这种先进文化，就是遵循中国特色社会主义文化发展道路，以服务人民和社会主义为宗旨，实行多样化、开放性、群众性方针，保持与时俱进的精神，促进社会主义精神文明与物质文明的协调发展，且致力于现代化、全球化和民族特色的科学大众文化。

要坚守先进文化的导向，我们必须秉持社会主义先进文化的进步方向，并遵循中国特色社会主义文化的发展路线。这是中国加强和改善社会主义文化建设的适当路径。我们应该紧紧把握中国文化发展的当前趋势和要求，立足于中国特色社会主义文化发展的现状，不断推动积极向上、内容丰富的社会主义文化，这种文化具有独特的中华风格和中国特色，以满足人民不断增长的精神文化需求，并引导广大人民在思想和精神上得到正确的装备和提升。

维持对先进文化的追求时，必须恰当地理解并处置先进文化与时代文化之间的相互关系。文化是由特定的历史和环境条件塑造的，因而它不可避免地与所处的时代相联系，并体现出那个时代的本质和特点。随着历史的演进、政治制度的变化和人文背景的差异，不同阶段和社会环境中的人们塑造了各异的文化形态，这些文化形态各自带有独特的时代印记。先进文化指的是那些位于时代前沿的文化，它们遵循社会历史的演变规则，反映了人类社会的前行方向，并指引着社会进步的趋势。因此，时代文化与先进文化并非等同概念；文化的时代性并不等同于其先进性，某些带有负面影响的时代文化甚至可能对社会进步构成障碍。而先进文化通常既具有时代精神，又能引领和推动时代的进步。

秉持前沿的视角，我们必须积极促进科技与文化的融合。这一融合体，随着科技进步而逐步成形，反映了科技在生产及日常生活中对人类影响的日益增强。它甚至塑造了一种新的意识形态——科技意识形态。这种文化形态汇聚了人们在利用技术手段改造世界过程中形成的观念与思想，它不仅有助于破除无知，拓展认知边界，激发人们内心深处的潜能，还为物质、制度及精神文化的多维度进步提供了坚实的推动力。

（二）坚持以人为本，发展中国特色社会主义的大众文化

人民是文化的创造者，他们在社会实践中创造了丰富的文化。在构建中国特色社会主义文化的过程中，人民依靠自身的智慧和才能，创造出了多样的文化形态，其中大众文化占据了重要地位。大众文化已经成为人们日常生活中不可或缺的一部分，它有效地满足了人们的精神需求，充实了人们的精神生活。

推动和发展符合中国特色的社会主义大众文化，必须重视文化的多元性，避免单一化。在探索世界和进行社会变革的道路上，尽管不同国家有着类似的实践经验，它们的文化创作和价值观念也存在共通之处，例如对生命的尊敬和对和平的渴望。然而，不同自然、社会和历史背景下的人类社会，孕育了各具特色的文化表现和属性。因此，推动和发展中国特色社会主义的大众文化，意味着要认可并保护我国各个民族、地区、历史阶段的文化特色，维护文化的多样性，并通过丰富多样的文化发展来满足人民群众的需求。

推动中国特色社会主义大众文化的繁荣兴盛，必须明确区分大众文化与精英文化的界限。精英文化通常指社会上具有文化、政治和社会地位的精英阶层所持有的一系列思想观念和价值观。这类文化通常是主流社会的反映，包含了人类智慧的结晶，并预示着社会发展的方向。相对而言，大众文化则与普通民众的日常生活紧密相关，显示出普及性和易懂性。精英文化和大众文化虽然面向不同群体，分属不同领域，但都是人类活动的产物，都值得被尊重和培养。

（三）坚持开放融合，发展中国特色社会主义的开放文化

发展中国特色社会主义文化，必须积极吸纳全球文明的优秀成果。开放的姿态和包容的心态是适应全球化时代的必然选择。随着经济的全球化进程加速，国际的交流和合作越发紧密，这不仅加强了各国之间的经济联系，也带来了文化的广泛交融。封闭只会限制发展，而开放则能促进学习和进步，增强国家的文化竞争力。

秉持"开放融合"的方针，我们必须尊重不同世界文明的独特性，并主动吸纳全球文明的先进文化成就。在历史的长河中，每个国家都孕育了辉煌的文明和显著成就，这些文明的结晶是我们宝贵的精神财富，我们应积极学习与融合，以此推进我国文化的现代转型。对于资本主义国家创造的文明成果，我们应持公正理性的态度，从历史的角度审视，

吸取其有益部分，服务于我国的发展，避免任何形式的偏见与排斥。在吸收外国文明成果时，我们应当结合我国的基本国情，坚持以实践为检验的标准，确保这些历史财富能成为中国特色社会主义现代化建设的积极推动力。

秉持"开放融合"的理念，同时尊重并传承中国丰富的传统文化，继承其优秀的道德文化和教育思想。这些思想在历史上扮演了重要角色，并在现代社会中继续发挥作用，对建设中国特色社会主义文化具有重要意义。我们应该积极借鉴这些传统文化成果，丰富和发展中国特色社会主义文化的内涵。同时，结合新的实践和时代要求，以及人民群众的精神文化需求，积极进行文化创新，繁荣先进文化，吸引亿万人民在中国特色社会主义文化的大旗下团结一致。

四、积极发展文化事业和文化产业，大力生产精神文化产品

为了适应公众不断增长的文化和物质需求，以及提升民众的思想道德和文化水平，文化事业与文化产业的发展扮演着关键角色。通过促进这一领域的快速发展，可以更有效地实施思想政治教育。因此，我们应加速推动文化事业和文化产业的发展，注重高质量精神产品的创造，以生产出更多富有教育意义且积极向上的文化成果。

（一）加快生产各种文化产品

从当下文化市场的发展趋势来看，我国的文化产品生产尚未完全达到广大公众的文化需求。在积极推动社会主义文化繁荣的今天，我们急需加速生产各类文化产品，努力制作反映社会主流价值的作品、体现爱国情怀的教育作品和彰显中华民族传统美德的文化艺术产品。

1.反映社会主义主旋律的优秀作品

在推进社会主义文化建设中，坚持弘扬主旋律是核心任务。它旨在引领社会多元化的发展方向，确保社会主义核心价值观在文化建设中占据核心地位。这一过程涉及在马克思主义的理论指导下，依托中国特色社会主义道路的实践、理论体系的学习与制度的遵循，创作出能够展现

爱国主义、集体主义和社会主义精神的文化作品。这些作品不仅要传承和发扬改革开放的精神，还要促进民族团结和社会进步，最终实现人民的幸福生活。通过这种方式，可以有效地推动社会主义核心价值观在文化领域的主导作用，同时满足建设具有中国特色的社会主义文化的基本要求。

在回应人民精神文化需求不断增长的背景下，我们应致力于创作出更多体现社会主义主旋律的高质量文化作品。首先，我们的文化产品需与人民群众的利益相符，既能满足他们的文化需求，也能促进经济社会的发展，同时具有教育引导的功能。其次，我们应该积极创作能够反映改革开放及社会主义现代化建设风貌的作品，激励人们保持积极向上、奋发进取的态度。再次，加强文化市场的监管至关重要，防止低俗化和庸俗化的文化作品流传。最后，思想政治工作者和文化工作者应深入到社会主义现代化建设中，了解群众生活，积累素材，激发创作灵感，努力创作出既雅俗共赏又艺术性强、感染力浓的优秀作品。

2.反映爱国主义情感的教育作品

在中华文化的丰富遗产中，爱国精神一直被视为核心价值之一。从古至今，它激励着华夏儿女为了国家的繁荣昌盛而努力。这种精神不仅在过去历史上起到了关键作用，而且在当代社会依旧扮演了至关重要的角色。爱国主义不仅是推进国家发展、增强民族凝聚力的重要源泉，也是确保中华民族和谐进步的关键力量。随着改革开放政策的深入实施，对爱国主义教育的重视和强化显得尤为重要。

在推进爱国主义教育的时候，我们不仅要用多种精神、例子与故事来启发和教育人们，还应该将这些内容制作成文化产品。我们需要深入挖掘不同时代和地区的爱国主义教育资源，利用历史上以及当下社会中的爱国主义故事和生动案例进行艺术性的转化，创造丰富的爱国主义教育文化产品。通过这些产品来普及爱国主义，让这种精神深植于每个人的心中，并普遍地唤起人们的爱国热情。

3.反映中华民族传统美德的文化艺术品

在长达五千年的演变过程中，中华民族培育了其独有的传统美德。这些美德不仅内容广泛、作用巨大、影响深远，而且涵盖了社会生活的方方面面。它们包括团结互助、和平友善、见义勇为、尊老爱幼、尊师重教和注重礼仪等，构成了中华民族特有的道德规范。这些传统的美德在历史上起到了巨大的作用，并在新时代中继续激励着每一个人，成为他们遵循的道德准则。这些美德不仅在历史上发挥着巨大的作用，而且在改革开放新时期也成为人们的基本道德规范，激励着每一个人。

为了提升中华民族传统美德的普及和影响力，我们不仅需要通过宣传和教育来推广，更需致力于开发、创作及生产能够体现这些美德的文化艺术品和文化产品。这包括动员文化部门和创作者们积极行动，打造既符合大众需求又充满道德内涵的文化作品，以此来改善我们的社会氛围，净化人们的心灵，并促进公民思想道德素质的整体提升。在这个过程中，广大思想政治工作者和文化创作者们扮演着至关重要的角色。他们应主动传承中华优秀传统文化，深入生活、扎根人民，在亲身实践中激发灵感，引导或亲自创作出能够反映时代精神、鼓舞人心的作品。这样不仅能弘扬民族的传统美德，还能够推动社会文化的繁荣发展。总之，通过综合运用多种手段和渠道，我们能够更加全面而有效地加强和传播中华民族的传统美德，使其在新时代背景下焕发新光彩，为建设和谐社会贡献力量。

（二）提高文化产品质量

文化产品对人的思想、行为有深远影响，优秀作品能鼓舞人心，而劣质作品则可能带来负面影响。中国历来重视文化部门的工作和精神文化产品的质量，将其视为滋养人们心灵的"精神"食粮。历史上，中国曾生产出许多高质量的文化产品，在社会进步和改革中起到重要作用。如今，中国依然重视文化产品对人的引导作用，坚持用优秀作品教育人，同时提高文化产品质量，创作出富有时代精神、积极健康的文化艺术作品。

为了提升文化产品的质量，必须深化广大干部与公众对提高文化产品质量的重要性的理解，并加强他们的使命感和责任心。在文化工作和文化产品的生产中，应当从推广民族文化遗产、激励民族精神、培养中华优秀文化人才的视角出发进行思考和实践。所有文化工作者都应通过不懈学习和深入钻研，努力创作并提供社会需求的文化内容，这些内容应丰富多彩、积极健康、鼓舞人心。同时，必须建立精品意识，利用现代影视艺术等先进技术手段，创造出能够反映时代特色、触动人们心灵、促进社会发展的优秀文化作品。

为了提升文化产品的质量，必须深化广大干部与公众对提高文化产品质量的重要性的理解，并加强他们的使命感和责任心。在文化工作和文化产品的生产中，应当从推广民族文化遗产、激励民族精神、培养中华优秀文化人才的视角出发进行思考和实践。所有文化工作者都应通过不懈学习和深入钻研，努力创作并提供社会需求的文化内容，这些内容应丰富多彩、积极健康、鼓舞人心。同时，必须建立精品意识，利用现代影视艺术等先进技术手段，创造出能够反映时代特色、触动人们心灵、促进社会发展的优秀文化作品。

第三节　创新中华优秀传统文化融入大学生思想政治教育的方式方法

高校在思想政治教育领域对文化元素的借鉴，主要反映在教育方法的参考与采纳上。通过将文化融入教学实践，不仅丰富了教学内容，也使高校思想政治教育的方法更加多样化和生动。这种融合促使了传统教育方式的更新，为思想政治教育注入新的活力，促进了教育模式的创新与发展。

一、推动方法创新

在高校的思想政治教育中，通过有效地利用各种文化形式，将文化建设的策略整合到教育实践中，可以激发和促进教育方式方法的创新。这种创新不仅为教育活动提供了明确的指导，还为其奠定了坚实的基础，并注入了持续的动力。通过这种方式，高校能够确保教育活动既有序又充满活力。

（一）创新文化融入的方式方法

文化的成长和繁荣为高校的政治教育带来了丰富的资源，促进了创新形式的出现和新策略的采用。这些新颖的教育手段不仅有助于聚集学生群体，还加强了教育的向心力和竞争力。这样的转变意味着高校的政治教育不再仅仅依赖于理论的讲授和口头的说服。相反，它开始在情感层面和学生的日常生活中激发他们的主动参与和积极性[①]。高校思想政治教育的文化融入有直接融入法、间接融入法和复合融入法三种主要的方法。

1.直接融入法

所谓的直接融入法，指的是在思想政治教育的实践中直接引入与文化相关的思想和内容。通过这种教育方式，文化的精髓和思想得以突出表现，从而达到将文化与思想政治教育相融合的目的。具体而言，这种方法涉及将文化中的核心思想和主要内容作为教学内容，直接传授给学习者。例如，在高校环境中，依据特定的政治标准并考虑到学校发展的实际状况，直接向学生传授校园精神、校园目标和行为准则等，这一过程既促进了校园文化的建设，也加强了大学的思想政治工作。

2.间接融入法

所谓的间接融入法指的是将高等教育中的思想政治教育元素嵌入到丰富多样的文化和活动平台里。通过这些平台，教育内容在轻松愉悦的

---

①李婧.浅谈中国传统文化融入民办高校思想政治教育创新改革的实践路径[J].农场经济管理,2022(3):62-64.

氛围中潜移默化地影响受教育者，使他们在不自觉中接受并赞同这些价值观，达到乐学的效果。例如，通过精心设计工作场所的环境，营造积极的文化氛围，可以激发人们的工作热情和进取精神。

在开放社会中，文化环境对思想政治教育的影响不可小觑。一个积极的文化氛围有助于将教育理念无缝地融入学习者的日常学习、生活以及职业活动中，让教育变得自然且不显突兀。这种无痕的教育方式有效降低了学习者可能产生的抵触情绪，使他们更容易接受和内化教育内容。此外，当学习者在享受富有人性关怀的管理或服务的过程中，他们也会潜移默化地吸收这些管理或服务所体现的文化价值观。这样的文化传递不仅强化了教育的影响力，还促进了社会价值观的积极传承，为构建和谐社会提供了坚实的基础。

3.复合融入法

复合融入法，也称为混合式融入法，结合了直接融入法和间接融入法的特点，充分利用两者的长处来达到教育目的。这种方法通过直接的教导与潜移默化的影响相结合，既能够快速明确传授知识，又能在不知不觉中加深理解，有效避免单一方法可能带来的局限性，从而提升教育和文化传播的效果。在思想政治教育及文化建设领域，复合融入法被视为一种常见且极为关键的实践方式。

复合融入法在实施中应融合直接融入法和间接融入法的优势，并利用群众参与和榜样示范的影响力。一种策略是设定明确的思想政治标准，让参与者与榜样直接接受教育；另一种是通过他们的言行传递思想，影响旁观者。目前的重点应放在深化对复合融入法的研究，使直接教育和间接熏陶更紧密结合，发挥各自作用，形成思想政治教育的强大力量。

（二）创建良好的文化环境

文化环境在塑造人们的思维方式和行为模式上起着潜移默化的作用。一个积极的文化氛围有助于人们逐步消除内心的负面思想，并培养出一种和谐、友善、积极向上以及相互支持的人格特质。

在高校的思想政治教育和文化建设过程中，文化环境扮演了积极介入的角色。这种介入不仅体现在整个教育和文化融合的过程中，还创造了一个特定的文化氛围，使得教育和建设的主体能够在这个环境中进行互动和交流。这个特定的文化氛围，或者说是"文化场"，既包括了必要的物质条件，如设施、设备等，也包括了各种文化要素，如价值观、信仰、传统等。这些文化要素相互交织，形成了一个无形的但又能深深影响到高校思想政治教育和文化建设的氛围。因此，可以说，文化环境的介入不仅仅是一种物理的存在，更是一种精神的存在，它通过创造特定的文化氛围，促进了高校思想政治教育和文化建设的互动和交流。

文化环境在塑造高等教育机构中的思想政治教育方面发挥着无处不在的作用。这种影响表现在两个方面：首先，作为信息传递的源头，文化环境中蕴含的思想和价值观念构成了思想政治教育内容的基础；其次，高校思想政治教育的效果以及其评价会以反馈的形式重新融入文化环境中，为未来的信息输入奠定基础。

二、推动文化载体创新

载体作为信息传递的一种形式和手段，在传播信息的过程中扮演着关键角色。文化是高校思想政治教育的有效载体，对于传递政治信息、影响人们的思想和行为具有重要作用。文化建设中包括各种类型的载体，如物质文化、精神文化、制度文化、行为文化、环境文化以及网络文化和手机文化等。这些载体都为高校思想政治教育内容的传播提供了有效的服务。推动高校思想政治教育的载体创新，关键在于推动文化载体的创新。通过各种文化活动载体，将高校思想政治教育的内容以人们乐意接受的形式融入各项工作之中。

（一）充分利用现代信息技术手段

在推动高校思想政治教育的现代化进程中，我们应积极拥抱并充分利用现代信息技术。这不仅能够提高教育的吸引力，还能增强其形象性、生动性和灵活性。随着信息技术的飞速发展，传统的媒介如电影和电视不断进化，而新媒体如网络和手机短信的出现更是改变了人们获取信息的方式。这些技术提供了声音、图像、文字等多样化的信息传达方式，为高校思想政治教育的文化融合提供了重要的技术支持和有效的传播平台。

通过多样化的文化形式，如影视作品、诗歌散文和戏剧等，将马克思主义理论以形象化和生动化的方式呈现给大众。这种图文并茂的宣传方式不仅易于理解，而且能潜移默化地影响人们，加深对中国特色社会主义的认识。同时，根据不同人群的特点，开展多样化文化活动，扩大了高校思想政治教育的影响力，并激发了学习热情，促进了思想政治教育与文化的融合。

在推进高校思想政治教育的文化融入方面，我们应积极利用现代网络技术，广泛传播与我国社会主义发展相一致的先进文化、价值观念和道德规范。具体措施包括：①运用互联网技术建立红色网站和主题网页，全面传播中国特色社会主义理论体系，加强对科学发展观、和谐社会构建等最新成果的宣传；②通过网络交流了解群众思想动态，及时回应社会关注，引导正确的网络舆论；③创新利用网络博客、官方微博等新媒体手段进行个性化教育，使这些平台成为思政教育的新途径。

（二）充分利用各种文化活动和文化设施

为了推进文化载体的创新，我们应当充分发掘和利用丰富的文化资源。通过组织多样化的文化和艺术活动，以及创建文明的社会实践活动，可以有效促进文化的传承与发展。同时，重视各类文化设施的建设和优化利用，如博物馆、图书馆、文化中心等，这些场所不仅能够提供学习与欣赏的机会，还能作为社区互动和文化交流的平台。此外，积极开拓新的文化传播途径和平台，如数字文化资源和在线展览，将进一步促进文化创新与普及。

1.开展形式多样的文化活动

开展思想政治教育，关键在于选择适宜的主题和广受欢迎的形式。通过举办多样化、富有感染力的文化活动，如群众性的体育与娱乐项目、各类展览的参观、社区文化的建设活动以及包括讲演、艺术表演、知识竞赛等在内的多种形式的活动，不仅使参与者在愉悦的氛围中受到教育，同时也能提升其情操、净化其心灵，并提高其思想境界。这些形式多样、生动活泼、深受大众喜爱的文化活动，不仅具有强烈的吸引力和启发性，也是推动思想政治教育文化融入的有效方法。同时，以创建文明单位和文明小区为核心的社会主义精神文明活动，进一步为高校思想政治教育文化融合提供了更广阔的实践平台。

为了充分挖掘文化活动的潜力，我们致力于推广和传播中华文化的传统美德和社会主义的创新理念。这不仅有助于塑造积极健康的生活模式，也激发了人们乐观向上的处世态度。通过举办多样化的文化活动，我们旨在丰富群众的精神世界，增进人与人之间的情感联系，并促进社会和谐。这样的举措不仅加深了相互理解，还为构建一个协调、宽松、健康、和谐的文化氛围打下了坚实的基础。

2.建设和利用各类文化设施

要积极推广和举办多样化的文化活动，需要重点发展和完善各种文化设施，为这些文化活动的顺利进行提供必要的物质支持。随着社会经济的发展，人们对思想政治教育以及文化建设的基础设施有了更多的期待和要求。通过构建先进的基础设施，能够有效地促进学校在思想政治教育和文化建设方面的活动，并进一步推动学校在这些领域工作的深化与拓展。

为了更有效地在高校思想政治教育中融入丰富的文化元素，我们需要借助大众传媒和公共文化场所来教育和影响学习者。首先，通过参观历史纪念碑、纪念馆、文化遗址、博物馆、历史馆、展览馆和科技馆等，可以对受教育者进行深刻的历史教育和爱国主义教育。其次，利用各类遗址和游区对受教育者进行生动的红色教育。最后，充分利用文化宫、青少年宫、游泳馆、图书馆、健身房和体育馆等文化体育设施举办各种活动，不仅能够丰富人们的文化娱乐生活，还能在享受乐趣的同时培养高尚情操。

3.积极拓展文化渠道

为了促进高校思想政治教育与文化融合的深入发展，我们应该充分利用各种文化设施和文化活动，同时积极探索创新的文化融合方式和方法。我们还需要积极拓展新的文化融入途径，确保高校思想政治教育的内容在学校教育、社会活动、环境建设中得到体现。首先，学校教育是文化融入的主要途径。通过在校内广泛开设"中国特色社会主义文化""中国特色社会主义理论体系""中国传统文化概论"等课程，我们能够创新社会实践活动，并深入挖掘和利用中华优秀传统文化中的教育资源，将文化元素有机地整合进思想政治教育的全过程。其次，社会活动作为辅助渠道。在社会各界广泛举办形式多样、寓教于乐的文化娱乐和体育活动，这些活动在潜移默化中传递着思想政治教育的信息，实现其与文化的有机结合。再次，人文环境建设是软性渠道。加强人文环境的构建，提升校园的文化品质，为学生提供一个充满文化氛围的学习生活环境。最后，自然环境建设是硬性渠道。通过优化美化校园的自然环境，使之与人文环境协调一致，从而在培养学生情操、修养身心方面发挥出自然的独特作用。综上所述，通过多元化的途径，我们不仅丰富了学生的文化生活，也为高校思想政治教育提供了更加坚实的文化支撑，促进了学生全面发展。

第四节　构建中华优秀传统文化融入大学生思想政治教育的制度机制

文化融入思想政治教育的过程并非杂乱无章，而是一个有序的系统工程。这个工程强调各个要素之间的有机联系。这些要素相互结合以及整体运作需要一套相对规范和有效的制度机制。科学、完善、规范、有效的规章制度和运行机制是文化融入思想政治教育的重要方面。它具有一定的强制力，能够为思想政治教育和文化的协调发展提供持续动力。

一、建立有利于文化融入的领导体制和工作机制

为了确保高校思想政治教育文化有效融入，建立一套科学的领导体制和工作机制至关重要。这种领导体制主要涉及组织、人才与思想三个层面，形成了对事务管理、人才培养以及思想引领的完整整合①。高校思想政治教育文化融合的工作体系，体现了领导机制的进一步优化和细化。

（一）统一领导、齐抓共管

为了深化高校思想政治教育的文化融合，我们需要构建一个高效的管理体系，确保思想政治教育和文化建设的有机结合。这一体系必须坚持集中统一领导，确立由党委主要负责人牵头的领导体制。此外，要充分利用工会、共青团等组织以及不同行业和领域的优势资源，实现党委领导下的多方共同参与和协作，打造一个涵盖行政、业务、技术等各类人才参与的全方位工作框架。

1.高度重视、切实负责

各级党委需将高校思想政治教育的文化融入作为重要工作，明确这是时代进步的趋势，对新时期教育改革和文化发展有重要意义。党组织要全面负责教育和文化建设，细致规划主要目标和任务，解决文化融入中的问题，确保其深入发展。应把这项工作纳入日常工作和发展规划，防止表面重视而实际忽视的现象。

2.加强党组织的领导

各级党组织需强化对高校思想政治教育和文化建设的领导，这不仅

---

① 黄雅娟,李鹏鹏.优秀传统文化融入大学生教育的价值和长效机制研究:以"四史"教育融入大学生思想政治教育为例[J].中国民族博览,2023(5):173-175.

能提升领导权威、优化执政方式，还能确保文化建设的社会主义方向。这样作为推进高校思想政治教育提供了强大的精神动力、优良的环境条件以及有力的组织保障。

在加强和改进高校思想政治教育和文化建设的进程中，务必坚持党领导的核心地位。各级党委（党组）的主要领导要负起文化建设的首要责任，其他成员也需清晰自身职责，共同确保思想政治教育和文化建设的领导权得到有效实施和具体工作的深入推进。同时，将高校在思想政治教育和文化建设方面取得的成果，作为衡量工作绩效和选拔任用领导干部的关键指标。

3.优化高校思想政治教育和文化建设的有效管理机构

高校的思想政治教育与文化建设的有效进行，离不开专门管理机构的协调作用。这些管理机构的合理构建与高效运作，对于推动教育与文化建设的发展至关重要。通过改进这些管理机构，可以确保决策、组织、领导、控制、创新等关键职能得以科学化、有序化地执行，这不仅能够实现社会资源的优化配置，还能激发学生的积极性，持续推动高校思想政治教育与文化建设的进步。

为了加强和改进高等学府的思想政治教育与文化发展，必须构建一个高效的管理体系。这样的体系应具备持续激发精神力量和物质支持的能力，确保思想政治教育与文化建设的深度融合。相反，如果管理架构设计不当，造成职责混淆、效率低下等问题，将严重削弱教育优化的动力，限制文化融入的效果。所以，提升管理效能的核心在于合理安排管理机构，清晰界定机构职能，并确保其高效协同运作。

4.加强文化传播部门的作用

传播媒介在推广社会文化和文化产品方面具有至关重要的作用，并对社会文化环境造成显著影响。在加强社会主义精神文明建设、改善社会文化环境中，文化传播机构肩负着重大责任。面对经济效益和社会效益的选择，各种媒体如报纸、杂志、广播、电影、电视和网络应将社会效益置于首位，确保正确引导文化方向。它们应当积极宣传社会主义的积极价值观，播放展现积极进取、勤劳节俭、英勇无畏等崇高精神的电影和电视节目，推广那些既能体现中华美德、又能体现时代精神的文化产品，并防止那些导致精神衰落、低俗庸俗的文化产品进入媒体，从而污染文化环境。

5.加强文化管理部门的作用

文化管理部门对于社会文化市场的监管以及文化环境的治理扮演着关键角色。为了强化这些部门的功能，首先，应当推动相关立法进程，完善社会主义文化市场的法律法规体系，从而在制度层面确保文化市场的良性发展。这包括形成对各类媒体，尤其是新媒体的注册审查与周期性审查机制，创建对文化从业人员的持续教育体系，以及构建针对文化市场的监管和违法违规行为的惩处机制。其次，需要增强执法的严格性，确保法律的严肃执行。这涉及对文化企业的监管和检查力度应显著增强，同时结合定期检查和不定期的突袭检查，形成一种持续和长效的监督机制。此外，应积极采取措施，严厉打击制作和销售黄色内容、盗版和剽窃等违法行为，防止低俗、庸俗以及腐朽落后的文化产品流入市场，致力于净化文化市场环境。

（二）引导群众积极参与

思想政治教育和文化建设工作，本质上均可视为群众工作，主要涉及教育、动员、引导民众及提升他们的素质。在这一过程中，群众并非消极承受，而是积极行动，他们运用自身的智慧和才能投身于建设之中。

1.树立全员共建意识

高校的思想政治教育与文化的融合是一个复杂的工程项目，其成功实施需要强有力的领导，也需要全校各相关部门、单位和环节的默契配合与协同努力。此外，学生的热情参与也是不可或缺的。思想政治教育的文化融入不可能仅凭几个部门就能完成，必须广泛动员各方力量，激发学生参与的热情和主动性。因此，我们应该在全校范围内培养全员参与建设的意识，充分激发全校师生在思想政治教育与文化融合过程中的积极性、主动性和创造性。

只有每位师生都深刻理解并积极承担起自身的责任，全力以赴地完成本职工作，才能有效地推动高校思想政治教育和文化建设的协同进步、和谐发展、融合创新。

2.引导广大师生积极参与

推动高校思想政治教育与文化的融合，不能仅仅依赖单一部门。相反，必须唤起全体师生的广泛参与。为此，需要激发师生们的参与热情，提升他们的参与技能，同时培养他们的主体意识。关键在于营造一个让每位师生都能自主参与的环境，确保他们能真正成为主人，共同打造一个积极向上的参与文化。首先，改善工作方法是必要的。领导干部需更新观念，与群众保持紧密联系，并充分认识到师生的核心作用。他们应将所有工作放在师生监督之下，接受他们的评估。同时，通过多种渠道与师生保持信息交流，确保他们能够清楚掌握现状、任务、挑战与困难，以此增强他们的责任感和使命感。其次，要鼓励师生积极参与社会经济建设的各个方面，包括生产、运营、管理和服务，使他们与社会的进步紧密相连，形成一个可以互相支持、协同发展的利益联合体。

二、建立高校思想政治教育与文化的互动发展机制

高校思想政治教育与文化的融合需维持两者间的积极互动和共同进步。一旦这种联系断裂或发展不平衡，将显著削弱思想政治教育在文化领域的渗透力。

（一）建立高校思想政治教育与文化的互动机制

促进高等教育领域思想政治教育与文化建设的相互促进，旨在达成二者在内容、功能、传播媒介以及实施手段等方面的深度融合与协同进步。这种融合涉及教育主体与客体间的多维互动，以及教育内容、形式和目标之间的相互关联与配合。

第一，构建高校思想政治教育与文化之间的和谐协调机制，需要人们积极地对社会的文化资讯进行回应、筛选和甄别，进而确立正确的思想政治教育与文化发展的方向。我们应当充分发挥高校思想政治教育在文化领域的引领作用，同时，从组织结构、制度建设、方法创新等多个角度入手，完善社会主义文化发展的导向系统。通过这样的方式，主动吸纳各种文化资源中积极向上的元素，以丰富和拓展思想政治教育与文化内容的深度与广度，为其注入时代精神和活力。

第二，建立和完善高校思想政治教育与文化之间的互动机制，我们必须致力于以下几个关键方面的工作：首先，要确保社会主义文化在塑造学生思想和行为方面发挥其规范、引导和约束的功能；其次，需培养学生的自我教育意识和能力，以实现自我导向和不断自我完善；最后，应该充分利用社会精神文化、集体舆论、榜样力量、人际交往以及规章体系等多方面的影响力，以确保社会主义文化的良性发展。

第三，建立一个高校思想政治教育与文化互动的保障机制，我们应该采取以下措施：首先，培养正确的自我导向机制，使个体能自觉、主动、准确地辨别和吸收文化信息，进而促进自我教育和完善。其次，定期对大众进行理想信念、中国特色社会主义、社会状况、政策等方面的教育，以确保他们在面对多样的社会文化影响时，能保持坚定的立场和正确的方向。再次，根据我国的实际情况和群众个体发展的需求，加速尤其是青少年的政治社会化进程，帮助他们形成正确的价值观、政治观念、道德标准、职业角色等。最后，开展丰富的社会实践活动，建立一种结合社会实践、科技文化服务、经济建设于一体的活动机制，鼓励广大群众参与其中，全面参与经济社会发展的过程，通过实践提升思想素质和工作能力。

（二）建立高校思想政治教育与文化的同步发展机制

实施有效的大学思想政治教育是中国共产党传承的宝贵传统，这一做法在党长期执政实践中不断丰富和发展。伴随着社会主义市场经济的日益成熟，思想政治教育仍然扮演着不可或缺的角色，对经济社会的全面发展贡献着重要力量。作为中国特色社会主义总体布局中的核心内容，"五位一体"中的文化建设，随着经济社会发展，其重要性日益凸显。文化发展水平在很大程度上影响着国家的竞争力，而文化已经变为推动国家进步的关键力量。显然，思想政治教育和文化建设都是国家事业的重要组成部分，它们在各自领域扮演着不可替代的角色，并且互相促进，相得益彰。思想政治教育确保了文化建设的正确路线，反过来，文化建设也促进了思想政治教育的持续改进和创新。

高校思想政治教育与文化建设的互动紧密相连，但两者之间的作用各有侧重。在"两个文明"建设中，思想政治教育担当引领角色，发挥导向功能，确保文化建设沿着社会主义道路前进。同时，文化建设为思想政治教育创造了有利条件，提供了舒适的环境。通过文化特有的方式和活动，文化建设为思想政治教育注入新思路、新内容和新方法，有效推动后者在深度和广度上的发展。

尽管高校的思想政治教育与文化建设在实践中常常相辅相成，并存在诸多交集，它们在本质上仍有区分，各自扮演独特角色。在推进高校发展和社会进步的过程中，这两方面均不可或缺，也不可互相取代。思想政治教育注重培养学生的正确价值观和政治立场，而文化建设则更侧重于塑造精神世界和传承优秀传统。错位使用二者，不仅会淡化思想政治教育的成效，也会使文化建设的路径迷失。因此，必须明确两者各自的定位与责任，共同推动高校全面发展。

为实现高校思想政治教育与文化建设的协同进步，必须确保二者在发展的过程中并驾齐驱。在实施策略上，需保证思想政治教育与文化发展步伐一致，共同规划、共同实施，逐步打造一个多元化、多样化、全方位、开放型的工作平台，以信息反馈、整理、共享为支撑，构建一个高效的工作体系。通过强化对信息的反馈、整理和共享，驱动思想政治教育与文化建设的共同繁荣和深度整合。

三、建立高校思想政治教育文化融入的推动和保障机制

要实现高校思想政治教育的文化融入，需要一定的推动和保障力量。因此，我们需要逐步建立和完善高校思想政治教育文化融入的动力机制、反馈评估机制和保障机制。

（一）建立高校思想政治教育文化融入的动力机制

高校思想政治教育文化的融入需要特定的推动力，这种推进剂源自人们对于精神文化的渴求。只有当思想政治教育和文化建设拥有充足动力，才能有效地推动文化在思想政治教育工作中更深刻地融合。

1.建立高校思想政治教育文化融入的利益驱动机制

高校思想政治教育和文化建设的核心目标是以利益为根本出发点和最终归宿。在这一过程中，利益驱动扮演了至关重要的角色，构成了推动思想政治教育文化融合的基础动力。正如马克思所指出的："人们为之奋斗的一切，都同他们的利益有关。""'思想'一旦离开'利益'，就会使自己出丑。"

在高校中，思想政治教育和文化建设不仅反映了特定的利益关系，而且服务于特定的社会阶层或利益集团的利益。这种服务在一定程度上满足了人们的政治和文化需求。如果与利益脱离，那么这些教育与文化活动便丧失了存在的意义与价值。因此，高校的思想政治教育和文化发展扮演了关键角色，它们引导着人们的利益追求，帮助他们构建正确的利益观和价值观，以此调节社会中的各种利益关系。特别是，它们在平衡物质追求和精神追求之间的关系上起到了至关重要的作用。

2.建立高校思想政治教育文化融入的政策驱动机制

在推动动力系统中，政策驱动发挥着核心的作用。高校思想政治教育文化融入的政策驱动力主要涉及国家、地方和基层组织等各级单位所制定并发布的各种政策文件，包括条例、指导方针、意见书和通告等。这些政策的出台和执行旨在满足民众对政治文化的需求，并对他们多样化的需求进行调节与平衡。当公民的需求是合理且正当的，并且与国家

发展的目标保持一致时，相关部门就应当制订相应的政策，以鼓励和支持这些需求，激发人们的主动性，从而推动社会向前发展。反之，若民众的需求显得过高、不现实或者与社会进步的目标相违背，那么通过政策和制度措施来引导价值观，对人们的期望进行合理的调整便成为必要，确保将民众思想引向社会发展的正确方向。

3.建立高校思想政治教育文化融入的精神驱动机制

精神需求属于人类更高层次的需求，它们包括进行社会交往、获取社会尊重、达成社会成就、推动个人发展及实现自我价值等方面。在高校的思想政治教育和文化构建中，一个重要的目标便是向学生提供坚实的精神激励。正如马克思所指出的："理论一经群众掌握，也会变成物质力量。"

精神动力是推动我们前进的一种潜在力量，它在高校的思想政治教育和文化融入过程中起着关键作用。这种动力主要源于目标、精神和情感的激励，这些激励体现在教育者及参与者的思想观念、理想信仰、道德品质和情感意志等方面。在新时代背景下，为了促进高校思想政治教育与文化的融合，我们需要激发人们的内在精神动力，并创造一个积极的文化和社会氛围，为建设有中国特色的社会主义和实现中华民族伟大复兴提供持续的精神支持和智力保障。具体而言，我们可以将文明、服务、竞争和忧患等意识整合成一种集体意识，通过这种方式优化人们的精神境界。同时，我们应该从大众最关心的问题出发，积极做好温暖人心、稳定人心的工作，以情感打动人，以实际行动鼓励人。

（二）建立高校思想政治教育文化融入的反馈评估机制

要评估高校思想政治教育文化融入的效果，关键在于收集到相关的反馈信息。这种信息是进行有效评估的基础。因此，建立一个全面的信息反馈系统对于评价思想政治教育的文化融入至关重要。这样的系统不仅需要对文化融入的当前状态和进展进行监测，还应该对其效果和实际作用进行全面评估。

1.建立高校思想政治教育文化融入的信息反馈机制

为了有效调节和指导高校思想政治教育及其文化建设，一个高效的信息反馈机制显得至关重要。这种机制不仅确保了教育内容与文化融入的顺畅推进，还有助于实时监控计划执行情况及教育和文化融合的进展。通过这种方式，可以迅速发现并解决在融合过程中出现的问题，确保对高校思想政治教育和文化建设的有效掌握。此外，及时的信息反馈和沟通能够促进对新挑战的持续研究和解决，从而为制定更加精确的决策提供支持。缺乏及时、全面的信息反馈，将难以对高校思想政治教育与文化的融合过程进行有效的调控，影响其达到预期目标。

为有效推进高校思想政治教育与文化的融合，需建立完善的信息反馈体系。具体策略如下：①在高校内部各部门和单位间建立一套完整的信息管理制度，包括信息上报、信息流通及信息公开，确保教育信息的顺畅交流。②指定党委宣传部作为思想政治教育的信息枢纽，负责收集反馈信息，及时编制工作汇报并提出针对性的改进建议。③强化党委对社会团体如工会、共青团、妇联等的领导作用，利用这些团体紧密联系群众的特点，激发其自我教育与自我管理的能力。④构建一个高效、及时、畅通的信息反馈机制，促进社会群体规范化、常态化、长效化地表达民意，以支持思想政治教育的深入开展。通过这些措施，可以确保高校思想政治教育文化融入工作的有效性和持续性。

2.建立高校思想政治教育文化融入的效果评估机制

为了有效评价高校思想政治教育与校园文化融合的效果，我们需要建立一套评估体系。这有利于提高计划的明确性和针对性，确保思想政治教育工作更加贴合实际需求。通过精确衡量思想政治教师的表现和影响，我们可以更好地理解并尊重他们在校园文化建设中的努力和价值。此外，这样的系统还能促进教育内容和方法上的创新，从而提升教育的专业性和效率。构建这一评估机制时，我们需设定清晰的评价标准、规划详细的评估流程、分配具体责任，并形成一套完整的考核体系。这样，我们就能确保思想政治教育的文化融入的效果得到科学而公正的评价，同时也能激励教师们不断改进教学方法，为学生提供更高质量的教育。

第一，评估标准对于任何评估活动都是不可或缺的，它们是有效进行评估的关键基础。这同样适用于高校思想政治教育的文化融入活动。按照马克思主义的观点，实践是验证真理的最终准则。因此，评价一项活动是否进步，关键在于它是否有助于推动社会生产的进步和经济社会的全面发展。高校思想政治教育文化融入活动的评估标准也应当反映其对促进经济、政治、文化、社会和生态等各方面全面协调可持续发展的贡献，以及它对个人全面发展的促进作用。此外，评估标准还需要考察该活动是否能够有效地发挥思想政治教育的功能，实现其目标，并促进文化的发展和繁荣。

第二，在制定高校思想政治教育和文化融入的组织目标及实施计划时，必须保证这些活动是有计划的。具体来说，每个年度或者季度都应制定明确的目标和详细的活动计划。到了年终或季度结束时进行总结评估，要对照年初或季初设立的目标和计划，检查日常工作的进展和实际成效是否与预定的计划相符，以及设定的目标是否得到了实现。通过这样的过程，不仅可以确保高校思政教育和文化工作按照既定方向有序进行，而且还可以及时发现并解决执行中遇到的问题，确保组织目标得到有效实现。此外，这种定期的评估机制还有助于提高工作的透明度和责任感，促进高校思政教育质量的持续改进和提升。

第三，为了促进高校思想政治教育文化融入的责任制，我们应当强化对这一进程的年度总结和评估。通过制定规划、建立组织制度以及相关政策来构建一个完善的责任体系。将执行该任务纳入述职内容中，接受党员群众评议和监督，并将考核成果作为干部晋升和物质激励的关键依据。进一步完善激励机制，以增强思政工作者和文化工作者的责任意识及荣誉感，激发他们的工作热情与创新动力。

第四，为了更深入地推动高校思想政治教育与学校文化的有效融合，需要构建一种既包含定性评价又涵盖定量分析的评估体系。目前，对高校思想政治教育的评价多停留在定性层面，这主要是由于该领域活动难以进行直接量化的特点所决定的。所谓定性评估，是指从宏观角度对高校思想政治教育工作者的活动进行分析和判断，通过评估其教育效果和影响力来判定他们的工作是否达到优秀或合格的标准。这种评估方式包括但不限于听取工作汇报、实地考察及收集他人反馈等。尽管这种方法有其作用，但由于较为依赖主观判断，其评估结果容易受到评价者个人看法的影响。鉴于此，积极探索并实施一种量化的评估机制显得尤为重要。这意味着建立一个评估指标体系，通过运用如模糊数学等方法将行为转化为可度量的数据，进而基于数据分析对思想政治教育成效进行更为客观科学的评估。然而，在评估过程中，定性与定量评估方法都是不可或缺的，关键在于如何有效地结合这两种方法，以实现更加全面和准确的评估结果。

（三）建立高校思想政治教育文化融入的保障机制

高校在进行思想政治教育与文化融合过程中，必须依靠一套完善的制度体系以支撑和保障其顺利实施。国家的相关法律法规在这一进程中扮演了关键角色，为文化融入提供了有效的推动力。为了确保教育目标的实现，高校需要建立一系列保障机制，这些包括组织、师资队伍、资金以及制度的保障等各个方面。

1.建立高校思想政治教育文化融入的组织保障机制

为了确保高校思想政治教育与文化融合工作的有效实施，组织保障机制的建立至关重要。在这一机制中，党委（党组）负责人需担任主导角色，负起首要的领导责任。其他领导班子成员亦应清晰界定各自职责，共同承担相应责任。同时，各相关单位和部门的主管领导要作为该单位或部门内思想政治教育和文化融合活动的主要责任人，确保工作全面开展，并取得预期效果。通过明确分工和责任，可以有效地推动高校思想政治教育的文化融入，以促进学校整体发展。

为了适应实际工作中的需求，各级党委有权建立联席会议体系，对高等教育机构的思想政治教育及文化活动进行高效指导。此外，可以设立工作协调小组，由负责宣传和思想政治工作的党委书记担任负责人，以确保思想政治和文化工作的顺利规划与执行。具体而言，党委宣传部承担了执行任务，而办公室、组织部、工会及人事处等部门也参与其中，各部门之间通过紧密协作形成了推动教育与文化融合的强大动力。

2.建立高校思想政治教育文化融入的队伍保障机制

为了确保高校思想政治教育与文化的深度融合，必须依赖一支政治坚定、业务熟练、作风端正且素养卓越的干部队伍。这种融合并非一朝一夕能够实现的，而是需要时间积累和持续努力。因此，构建一支专业化的干部团队是关键，这样的队伍不仅对思想政治工作有深刻的理解，而且具备文化推广的专业素质。只有如此高素质的队伍才能不断推动高校思想政治教育与文化的结合，促进文化的深层次融入，为学生提供更加丰富、全面的思想教育环境。

为了有效提升高校思想政治教育与文化的融合，我们需要构建一支既能够熟练开展思想政治工作又能积极参与文化活动的高素质干部团队。这要求我们遵循"两手抓、两手都要硬"的原则，确保队伍的全面发展。首先，我们应选拔具备良好政治和文化素质的中青年人才加入思想政治工作和文化建设团队，注重他们的道德品质和专业能力。其次，党委和相关部门需加强对这些专职干部的教育及培养，通过定期的教育培训活动，持续提高他们的政治理论水平与实际操作能力。再次，鼓励思想政治工作者和文化工作者积极参与实践活动，通过调研来不断适应新情况、解决新问题并探索新的方法，从而在实际操作中提升自身的工作技能和文化素养。最后，还需要激发他们对工作的热情和责任心，增强其荣誉感，以使思想政治教育和文化建设工作得到社会的认可和尊重。

3.建立高校思想政治教育文化融入的物质经费保障机制

在有效提升高等教育机构的政治教育和文化建设工作方面，必须重视文化融入的重要性。这要求我们投入大量资源，包括人力、物力和财力，以优化政治教育和文化建设的外部条件。在这一进程中，经费支持尤为关键。首先，我们需要增加对日常教育、大型宣传与文化活动以及理论与实践研究的经费投入，确保满足高校政治教育和文化工作人员在培训、表彰奖励等方面的经济需求。其次，编制财政预算时，应当为高校政治教育和文化建设设立专项预算，以确保有充足的资金用于相关设施配备和各类活动的组织。此外，地方各级党委需要将政治教育和文化建设的基础建设纳入地方总体建设计划之中，并从基本建设预算中为其提供必要的保障。最后，政治教育和文化建设所需的设施和设备应追求现代化，拥抱全球视野，展望未来，充分利用现代科技手段，使政治教育活动和文化活动更加生动有趣，实现寓教于乐的目标。

4.建立高校思想政治教育文化融入的制度保障机制

在当前社会主义市场经济不断深化的背景下，推动高校的思想政治教育和文化建设工作，促进高校思想政治教育的文化融入，已不再能够简单地依靠行政手段，而是要综合利用法律、经济、行政、文化等手段，尤其是要充分发挥法律的作用。建立有利于文化融入的思想政治教育制度体系，是推动思想政治教育文化融入、形成良好社会风尚的根本保障。一是对现有的思想政治教育和文化建设的各种规章制度进行全面修订和完善，建立健全多层次、全方位的有利于思想政治教育文化融入的制度体系，将社会倡导的文化道德原则融入思想政治教育和文化工作的各个方面。二是制定和完善有利于思想政治教育文化融入的具体政策措施，引导思想政治教育和文化建设沿着健康有序的方向发展。三是制定和完善思想政治教育和文化建设同步发展、融合发展的政策法规，使思想政治教育和文化建设切实得到法律的保障。四是在制定思想政治教育和文化建设的各项规章制度的基础上，进一步完善思想政治教育和文化建设的工作机制，切实保障思想政治教育和文化建设的各项规章制度得到全面的贯彻落实。

第五章 中华优秀传统文化与大学生思想政治教育融合的实践路径

第一节 中华优秀传统文化与大学生思想政治教育融合之环境熏陶路径

一、积极转变教育观念

当前，在很多高等教育机构中，对传统民族文化教育的关注并不充分。以大学管理层为例，一些管理者对此类教育的投入不够重视。在处理大学生民族文化遗产教学方面，不少校方决策者缺乏深入理解，从战略角度来考虑及规划相关教学工作的案例并不多见。这种对教育理念的误解和偏差导致一些高校负责人尽管在口头上强调了强化大学生民族传统文化教育的重要程度，但实际操作层面却鲜有具体行动。

高校领导扮演着校园文化建设的关键角色，他们的重视程度直接关系到文化氛围的营造。如果领导对此漠不关心，其负面影响是显而易见的。同时，部分教师未能充分认识到传统文化在教育中的重要地位，仅仅注重传授学科知识，而忽略了课程中潜在的深厚的人文精神，使得学生无法获得全面的文化素养。

因而，要成功推广传统文化教育，必须得到从领导到教师的普遍重视。这需要部分领导和教师改变他们的教学理念，深刻理解传统文化在大学生思想政治教育中的重要作用，并积极地进行传统文化教育。

二、创造良好的校园文化环境

为了有效地传承传统文化，构建一个积极健康的校园文化环境显得至关重要。要做到这一点，教育者需首先更新他们的教育理念，将传统文化的教学置于重要地位。通过这样的转变，学校能够更好地培育学生对传统文化的尊重和理解。

广义的文化包括物质文化和精神文化。精神文化是指学校独特的精神氛围和文化环境，它涵盖了校园的历史悠久的传统以及所有师生和员工所共同认可的价值观念、生活理念等意识形态。这一文化是学校的核心所在，反映了学校的基本特征和精神气质。

校园文化构成了社会文化中独特的一环，它拥有强大的教育潜能。一个积极的校园文化氛围，能够以潜移默化的方式，促进学生综合素质的提升，并滋养他们的心智成长。通过这种文化的熏陶，学生们在形成自己的世界观、人生观和价值观过程中受到深刻影响，这是不容忽视的教育动力。

可以说，环境对人的影响是潜移默化的，校园文化作为学生在大学期间接触最多的环境，对大学生的教育意义不言而喻。校园文化也是高校思想政治教育的重要载体，在高校进行传统文化教育的过程中发挥着重要的作用。加强高校校园文化建设，将传统文化融入校园文化中是高校传统文化教育取得成功的重要保证。

（一）校园基础设施建设

校园基础设施建设属于校园物质文化范畴，即校园的建筑风格、布局式样等，是最能直观体现校园文化的部分。我们可以将传统文化的元素融入学校建筑和校园景观中，让校园在建筑风格上包含传统文化元素。

首先，在学校教学楼、寝室等校园主体建筑中加入与传统文化有关的元素。如可以选取一两栋教学楼，将其建成中式风格，作为传统文化教育基地，使学生可以从中国传统建筑风格中感受传统文化所具有的创造力和想象力。可以将寝室内部装修成中国传统风格，提供给对传统文化感兴趣的同学。

其次，可以在校园的景观环境建设中通过对建筑、人文、植物三方面的合理布局，体现出传统文化"天人合一"的和谐自然观。可以在校园中建造一些中国古代历史人物的塑像，如伟大的教育家孔子、爱国将领岳飞等，还可以建造一些具有传统文化气息的景观，如亭子、长廊等。在这些建筑的内部，用传统文化的元素作为装饰，使之成为校园中学习和交流传统文化的场所。

最后，无论是在教学楼或宿舍楼的走廊墙上，还是在校园的宣传栏上，都可以考虑展示一些传统文化中名人的故事和名言，以此将传统文化的元素融入校园的每一个角落。

总的来讲，校园中文物类的建筑、橱窗、板报、横幅、标语、路牌，乃至草坪中的警示语，都可以成为对学生进行中华优秀传统文化教育的重要载体。在校园硬件设施的建造和布置上要向传统贴近，如在青青草坪上摆放书法石刻，在教学楼内张贴经典的古诗词、名言警句。将中华优秀传统文化教育融入学生生活的每个场景中，让学生从生活中的一点一滴受到中华优秀传统文化的熏陶。

（二）校园风气建设

加强校园文化环境建设，还应着重加强包括校风、教风、学风、班风在内的校园风气建设。要加强学校的办学风格，设计独具特色的校训、校徽与校歌，增强全校师生的凝聚力、荣誉感、自豪感；要抓好教风和学风建设，在全校形成干部职工实事求是、艰苦奋斗、勤政廉政、团结合作、高效严格、服务周到，广大教师认真负责、耐心细致、治学严谨、开拓进取、为人师表、教书育人，全体学生勤奋学习、积极向上、严谨求实、自强不息、尊师重教、遵纪守法、举止文明、行为高雅的良好局面；要充分发展学生的个性特长，开展学生喜闻乐见的丰富多彩的学术、科技、体育、娱乐等活动，弘扬主旋律，培养学生对社会主义文化和民族文化的认同感，自觉抵制消极、落后思想的侵蚀和渗透。

三、营造良好的社会文化环境

个人是社会的个体，他们只能在社会的语境下确定自己的目标。人类虽然源于自然，但却又超越了自然，这种超越性质意味着一个积极的环境能改变人的观念。周围的社会背景拥有巨大的引导力量，再加上大学生的思想具有高度的可塑性，社会对他们的影响显而易见。良好的社会氛围可以对大学生进行中华优秀传统文化的教育，并对其个人顺利地成长产生深远影响，同时形成的完善人格也能反过来影响其周围环境。这样的互动关系使得大学生在思想政治教育方面的状况得到了快速改善。然而，社会环境的快速变化对于当前大学生的思想教育不仅带来了积极影响，也产生了一些消极效应。

传承和弘扬中华文明的精髓，我们需共同营造一个积极的文化环境①。随着改革开放的不断推进，我国的高等教育已经实现了从封闭到开放的转变。大学与社会之间的界限逐渐变得模糊，学校和社会的联系日益紧密。各种思想的涌入高校，带来了对传统文化的冲击，因此传承优秀传统文化成为当前热门话题。为了更好地让大学生吸收众家之所长，以完善自己的人格、传承中华优秀传统文化，形成一个良好的社会文化氛围至关重要。

具体来讲，为了打造一个和谐的社会文化环境，我们必须动员全社会的资源，利用积极而健康的公众舆论来引导大家的思想。通过这种方式，可以满足人们的精神追求。我们应当采取以下措施：首先，制定一系列政策，鼓励大学生深入了解和学习优秀的传统文化，同时提供充足的资源和支持，包括创建多样化的平台，让他们有机会接触这些宝贵的文化。其次，广播、电视、报纸、网络等传播媒介应该充分发挥其影响力和作用，通过正确的舆论引导来大力宣传优秀的传统文化知识，从而营造一个积极向上的传播环境，让更多的人了解和欣赏这些文化。最

---

①尹微.营造良好思想舆论氛围和社会文化环境[N].四平日报,2023-08-10(005).

后，社会团体和公共部门也应积极参与，努力为大学生提供更多的机会去了解和体验优秀传统文化。具体来说，可以加强图书馆、博物馆和文化馆等文化设施的建设和管理，使它们成为大学生学习和体验优秀传统文化的重要场所。

社会文化环境通过整合人们周围的各种教育元素，潜移默化地塑造人的精神特质和价值取向，同时也影响思想政治教育的内涵和方法。

为了在我国营造良好的文化氛围，我们必须用科学的理论来武装思想，用正确的舆论来引导行动，用高尚的精神来塑造人格，以及用优秀的作品来激励人心。这种文化环境不仅能够满足人们的精神文化需求，而且可以使人们的思想品德得到健康发展。

四、营造良好的家庭文化氛围

家庭，作为社会结构的基本单位，承担着传承优秀传统文化的重要使命。这种传承不仅合乎逻辑，而且体现了对情感的尊重。历史和现实都证明，中华民族始终重视家庭的作用和价值。尊老爱幼、母慈子孝、兄友弟恭、邻里和睦这些传统美德，是中华文化中不可或缺的部分，它们在家庭的日常互动中得以实践和弘扬。为了树立和强化家庭内的优秀传统文化传承，我们应该从三个方面着手：家庭、家教以及家风。这三个方面相辅相成，共同构建了一个有利于文化传承的家庭环境。

第一，要注重家庭建设。所有的中国人汇聚成了强大的中华民族，无数的小家庭构建起了我们的国家。家庭的和谐、幸福和文明直接影响到国家的稳定、和平和文明。随着国家的繁荣和民族的复兴，每个家庭都会变得更加幸福美满，生活条件也会持续提升。广大的家庭需要重视子女的早期教育，创造良好的经济环境和育人环境。在家庭教育中融入优秀传统文化的元素，增强家庭的文化氛围，为孩子提供一个更好的学习和生活环境，以及更健康的人际关系，鼓励他们不断深造。此外，家庭应该努力成为一个学习型的家庭，家长要关注并传承中华优秀的传统文化，培养孩子的学习意识，建立正确的教育观念。家长应以身作则，引导孩子增加文化消费，购买经典文学书籍，家庭成员之间分享阅读体验，互相学习，增进感情。通过营造一个浓厚的家庭文化氛围和培养阅读习惯，可以帮助孩子形成良好的思想道德品质。大学生也可以利用学校和社会的教育资源来影响他们的父母，改变不良的家庭传统和教育观念，与父母一起成长。

第二，要注重培养家教。在不同的家庭背景下，孩子们接受的家庭教育方式也各不相同。一个家庭的环境和教育方法往往决定了孩子们的性格和价值观。因此，父母应当不断学习和进步，摒弃过分重视智力而忽视道德的教育观念，提升自己对传统文化的理解和应用，并以正确的道德和价值观来引导孩子成长。家长们应当通过身体力行的方式，不仅向孩子们传授知识，更重要的是培养他们的品德。利用传统节日的机会，教导孩子们了解这些节日的历史背景、习俗意义，以及如何礼貌待人、遵守礼节、保持内涵，同时也让他们牢记自己的文化根源。此外，家长们可以通过带孩子参观博物馆或文化遗迹等活动，让孩子亲身体验并感受到历史的厚重和文化的精粹。这样，不仅能拓宽孩子的视野，还能加深他们对文化的理解和尊重。总的来说，积极融入并传承优秀的传统文化，推广中华民族的传统美德，对于提高家庭成员的精神境界和形成良好社会风尚具有重要意义。

第三，要营造优良家风。家庭传统构成了民风和社风的基础，其传递过程是一种悄无声息的教化方式。为了促进良好的家风，需要从每个家庭做起，让好的家庭传统成为社会良好风气的支柱。短片《家风传承》展示了所推崇的家庭传统精神，启发众多家庭重视并建立良好的家风。在家庭中尊重长辈、关爱年幼、相互爱护、和睦相处以及保持友善是构建好家风的关键元素。《颜氏家训》和《朱子家训》中的教育理念，比如尊敬长辈、邻里友好及节俭生活，为建设幸福家庭提供了宝贵的指导。每个家庭应致力于继承和发扬优秀的家庭教育文化，对父母和长辈表现出孝顺，在日常生活中节俭，在学习或职业上努力进取，并在人际交往中保持和谐与友善，不断提高道德素养，形成完整的人格。

第二节 中华优秀传统文化与大学生思想政治教育融合之教育队伍建设路径

一、提高教育队伍的传统文化素养

在高校思想政治教育中，融合优秀的传统文化有多种方法与形式，但最为关键的角色无疑是教师。作为教育的主体，教师不仅传授知识，更承担起引导学生理解、质疑和探究的重要职责。为了确保优秀传统文化能够流畅且系统地整合到教育体系中，首要任务是将传统文化的精髓内化于教师的思想和行为之中。常言道，教师要教给学生一杯水的知识，自身就必须具备一桶水的知识。对于专门负责高校思想政治教育的专职教师而言，传统文化的教学不应仅停留在表面的知识传授，而应深入挖掘其思想政治教育的内在价值，并将其最大化。在常规教学中，需要将传统文化中的思想政治教育资源与当代思想政治教育的课程要求紧密结合。这要求教师具备深厚的传统文化素养，这种素养不仅仅是对传统文化知识的了解，更重要的是对其内涵的深刻理解，并能够灵活运用。此外，将传统文化融入高校思想政治教育并非仅仅通过几节通识课和选修课就能实现，而应在学生的专业课学习中也有所体现。因此，教师不仅需要具备教学能力，更需要具备育人能力。简单来说，教学过程中，专业课程不仅要帮助学生积累深厚的专业知识，还应该致力于培养他们的思想素质，塑造全面发展的新时代人才。因此，理工科教师也需要具备传统文化素养，以全面培养学生。提升教师的传统文化素养可以采取多种方式进行，如参与学习一些传统课程、阅读经典文化书籍等。此外，各学院办公室可以成立传统文化讨论组，教师们通过集体备课和讨论，也能有效地提高自己的文化素养。让学生真正地接触并深入学习优秀的传统文化，教师必须先在团队内部营造良好的学习和应用氛围。这样，"唐宋诗词热""国学热"等文化热潮才不会仅仅是停留在表面的"背诵"或"形式"，而是在教师的带领下，深入到学生的内心世界，滋养他们的灵魂。

二、加强教育队伍的教育信念

优秀的教师团队对于培育具有高尚品德和能力的社会主义建设者来说至关重要。他们的角色不仅仅是向学生传递知识，更是要成为道德的楷模、思想的启蒙者和个性完善的引导者。作为教育工作者，教师需要以身作则，确保在教授学生之前自己先达到一个高标准。面对刚从高中进入大学的学生，这个成长的关键时期，教师的一言一行都会对学生未来的成长产生深远的影响。因此，高校教师只有当自己成为先进思想与价值观的传播者，才能更好地指导学生健康、全面地成长①。党的十八大报告提出："坚持教育为社会主义现代化建设服务、为人民服务，把立德树人作为教育的根本任务，培养德智体美全面发展的社会主义建设者和接班人。"党的十八大报告将"立德树人"这一理念写入教育方针，它清晰地回答了这一事关党和国家未来事业发展的问题。

我们倡导的"以德立人、以文育人"，旨在强调大学教师应该具备高尚道德品质，并以身作则，引导学生树立良好的道德标准。这种高尚的道德品质源自中国优秀的传统文化，其中蕴含的道德行为准则和日常礼仪，是高校老师应当努力学习并不断提升自我的关键内容。中国的优秀传统文化应与大学生的思想政治教育紧密结合，在这个过程中，教师的角色极为重要。教师需按照严格标准要求自己，将传统美德中的仁、义、礼、智、信作为自身形象建设的基础，从而能够对学生的道德情感和价值判断提供正确的引导，促使学生接受并践行中华优秀传统文化中的核心思想，进而实现思想政治教育的目标。

---

①孙立艳,陈艳梅,孟庆莹,等. 中华优秀传统体育文化融入高校大学生思想政治教育路径研究[J]. 产业与科技论坛,2023(23):95-97.

三、加强教育队伍系统化建设

在强化和提升高校思想政治教育的过程中，遵循的基本原则是全面、多维度的教育方式，即全员全过程全方位育人。这一原则要求将思想价值引领融入教育教学的每一个步骤和环节中，从而建立并维持一种长期的教育机制，包括教学、科研、实践、管理、服务、文化和组织等多个方面。从当前形势来看，高校思想政治教育的任务不仅仅限于思想政治专职教师的职责，而是被纳入了整个教育教学体系的各个层面。为了实现真正意义上的全面教育，必须在教育的每一个环节中都渗透思想政治教育的理念，并确保整个高校教育团队形成协同效应。只有通过这种整体性的教育方法，才能达成全方位、全程的育人目标。为了加强高校的思想政治教育，我们需要关注以下几个关键方面。首先，作为教育体系的核心力量，教师在高校思想政治教育中承担着重要角色。他们通过课堂教学这一主要渠道来实现教育目标，需要深入挖掘和利用我国丰富的传统文化资源，并结合当下社会热点，设计多样化的教学活动来激发学生的学习兴趣，从而有效地进行思想政治教育。其次，辅导员是专职的教育队伍，他们在大学生的思想政治教育中起着桥梁和纽带的作用。由于辅导员与学生的日常接触频繁，能够深入了解学生的思想动态，因此他们在引导学生树立正确政治方向和坚定理想信念上具有不可替代的作用。因此，建设一支高素质的辅导员队伍显得尤为重要。最后，学校的各个职能部门以及共青团的工作人员也是高校思想政治教育工作不可或缺的一部分，他们的工作对确保教育方向正确性及有效开展宣传工作起到了支撑作用。这些工作人员也需要不断增强自身的思想政治意识，积极学习相关知识并将其应用于实际工作之中，以确保高校思想政治教育工作的顺利进行。

第三节　中华优秀传统文化与大学生思想政治教育融合之课堂推进路径

一、中国传统文化在思想政治理论课程学习中推进的有利条件

（一）党和国家对大学生思想政治教育与传统文化的高度重视

1.21世纪以来逐渐重视大学生思想政治教育与传统文化

2004年10月，中共中央、国务院《关于进一步加强和改进大学生思想政治教育的意见》明确提出，要"积极探索新形势下大学生思想政治教育的新途径、新办法，努力体现时代性，把握规律性，富于创造性，增强实效性。深入开展中华民族优良传统和中国革命传统教育"。这就表明中华优秀传统文化是大学生思想政治理论课程学习不可缺少的内容。

为了深入理解并珍视我们的民族传统，我们应该精心挑选文化遗产中的精华部分，去除那些不合时宜的糟粕，从而确保其与当代社会相融合、与现代文明相得益彰。在维护我们独特的民族特色的同时，也要展现时代的风貌。此外，强化对中华民族优秀传统文化的教育至关重要，同时要利用现代技术手段去挖掘和利用丰富的民族文化资源，以创新的方式传承和弘扬这些珍贵的文化财富。2011年，《中共中央关于深化文化体制改革推动社会主义文化大发展大繁荣若干重大问题的决定》指出："加强对优秀传统文化思想价值的挖掘和阐发，维护民族文化基本元素，使优秀传统文化成为新时代鼓舞人民前进的精神力量。"这就从党和国家的高度出发，以当今时代为基点，深刻阐明了中华优秀传统文化在当代的重大意义。全面深刻审视传统文化以深入挖掘文化资源，将成为当代大学生思想政治理论课程学习的重要内容。

2.对大学生思想政治教育与传统文化的重要阐述

要建设优秀传统文化传承体系，弘扬中华优秀传统文化。传统文化

中华优秀传统文化与大学生思想政治教育

的表现形式多样，内容庞杂，因此要系统梳理传统文化资源，让收藏在禁宫里的文物、陈列在广阔大地上的遗产、书写在古籍里的文字都活起来。中华优秀传统文化毕竟经历了历史的沉淀，在与现代社会的相融中必须经过现代转化，中华优秀传统文化与社会主义市场经济、民主政治、先进文化、社会治理等还存在需要协调适应的地方。弘扬中华优秀传统文化，要处理好继承和创造性发展的关系，重点做好创造性转化和创新性发展。创造性转化涉及根据当代的特点和需要，对那些仍具备参考价值的核心内容和过时的表达方式进行更新，让它们拥有现代的内涵和表达方式，从而恢复活力。而创新性发展则是依据新时代的进步与发展，对中华传统文化中优秀元素进行补充、扩展与完善，提升它们的影响力及吸引力。这样，高校思想政治理论课程对于中华优秀传统文化的学习便有了具体的学习方法，即创造性转化与创新性发展。

（二）中小学关于传统文化的学习为思想政治理论课程学习奠定基础

1.从小学到高中阶段对传统文化的递进学习

2014年3月，教育部《关于印发〈完善中华优秀传统文化教育指导纲要〉的通知》提出要在大中小学各个学段有序地进行优秀传统文化教育，并在课程建设和课程标准修订中强化中华优秀传统文化内容。在中小学德育、语文、历史、艺术、体育等课程标准修订中增加中华优秀传统文化内容的比重，其他课程应通过具体教学环节融入优秀传统文化的部分内容。

在小学的高低年级两个阶段，低年级开设"品德与生活"课，并结合语文等其他课程，重点培育学生对优秀传统文化的亲切感，开展启蒙教育，培养学生热爱优秀传统文化的感情。高年级开设"品德与社会"课，并结合其他课程，重点提高学生对中华优秀传统文化的感受力，开展认知教育，使其了解丰富多彩的传统文化。

初中阶段开设"思想品德"课程，并结合其他课程的学习，以增强中学生对中华优秀传统文化的理解力为重点，提高学生的文化认同度，

- 180 -

引导其认识我们统一多民族国家的文化传统和基本国情。第一，在情感认同上，祖国是我们祖祖辈辈生活的地方，是我们世代的精神家园，民族文化是我们的精神依托。让祖国富强，让文化繁荣，是我们每个人应有的情感和志向。第二，在对传统文化的内容理解上，中国古代哲学、科学技术、医学和文学艺术的独特成就，大大丰富了世界文明的宝库。时至今日，我们每个华夏儿女都自觉或不自觉地受到传统文化的滋养。第三，在传统文化的学习途径上，除课堂学习外，要采取多种多样的方式，如艺术欣赏、社会调查、参观古迹和访问民俗等。

高中阶段开设"思想政治"课，并结合其他相关课程的学习，以增强学生对中华优秀传统文化的理解认识为重点，引导学生感悟其精神内涵，增强学生对优秀传统文化的自信心。高中思想政治必修课"文化生活"的第四课《文化的继承性与文化发展》讲到，我们要用辩证的方法去看待传统文化在现实生活中的具体作用，努力发挥优秀传统文化的积极作用。

2. 在对传统文化已有的学习基础上深化大学阶段学习

从小学初中的义务教育阶段到高中阶段，德育课中有关中华优秀传统文化内容的学习，以及其他课程和学习活动，为在大学思想政治理论课程学习中推进传统文化学习奠定了一定基础。因此，大学教育的核心目标是提升学生对中华优秀传统文化的自主学习和探究能力。通过培养学生的文化创新意识和责任感，鼓励他们深入学习和理解中国古代思想文化的经典之作，从而深入领悟中华优秀传统文化的核心精神。这样的学习过程有助于学生建立对本土文化的深刻理解和认同，同时培养他们的文化创新意识。此外，学生还将认识到中华优秀传统文化不仅是中国特色社会主义深厚的文化根基，还是推动社会主义核心价值观与中国化马克思主义发展的重要源泉。大学生在思想政治理论课程学习中，对传统文化进行理性辩证的思考，从而逐渐完善人格修养，自觉把个人理想和国家梦想、个人价值与社会发展结合起来，坚定为实现民族振兴而不懈奋斗的理想信念。

二、中国传统文化在思想政治理论课程学习中推进的内容

大学生思想政治理论课程的学习内容是依据思想政治教育的目标和大学生的实际思想道德状况、政治理论素养而确定的。思想政治理论课程的学习内容非常丰富。中华优秀传统文化是思想政治理论课程学习的重要文化资源，我们可以在批判继承的基础上挖掘传统文化中符合时代发展需求的思想观点，为思想政治理论课程的学习增添丰富的思想内容。

（一）世界观与"天人合一"思想

1.在马克思主义世界观的基础上学习"天人合一"思想

世界观，又被称为宇宙观，是指个体或群体对整个宇宙的广泛理解以及基本立场。它包括了人们对宇宙的本质、人类与周遭环境的关系以及人类在宇宙中的位置和生活意义等方面的综合见解。由于个人所处的时代、社会实践水平以及具有的知识经验和思维方式均有所差异，所以每个人对世界以及人与世界关系的认识也有所不同。但不可否认的是，世界观是个人精神世界的核心方面，因为它在宏观上深刻地影响着个人的人生观、道德观、政治观等其他观念。从这个角度来看，世界观的学习在思想政治理论课程的学习内容中占据着决定性的地位。思想政治理论课程中的世界观学习要树立马克思主义的科学世界观，学习用辩证唯物主义和历史唯物主义来掌握自然、社会和人的思维发展的一般规律，建立客观看待世界的自觉意识，正确认识物质与意识的辩证关系，实现认识与实践的统一。世界观的学习最终要落实到为谁服务的问题上来，如果说一个人能够树立爱国主义精神，能够热爱我们的社会主义祖国，自觉自愿地为社会主义服务，为广大人民群众服务，这说明他已经初步具备马克思主义世界观。中华优秀传统文化中的"天人合一"的宇宙观，对天的存在持唯物论的立场，并且认为天与人是和谐共生的关系，这在很大程度上契合了马克思主义世界观的基本观点，值得大学生在思想政治理论课程学习中借鉴和吸收。

2.“天人合一”思想对世界本质的唯物论认识

人们对世界本质的认识存在两种倾向：一种认为物质决定意识，持唯物主义立场；另一种认为意识决定物质，持唯心主义立场。中华优秀传统文化对于世界本质的认识基本是持唯物主义观点的，认为“天”是一种自然的存在。儒家文化的创始人孔子对“天”的认识突破了人类社会早期“主宰之天”的局限。子曰：“天何言哉？四时行焉，百物生焉，天何言哉？”（《论语·阳货》）这里的“天”是自然之天，遵循着不以人的意志为转移的客观规律而运行不息。孟子曰：“天油然作云，沛然下雨，则苗浡然兴之矣。”（《孟子·梁惠王上》）表明天行云降雨、万物生长都属于自然现象，与人的言行和德行没有直接关联。荀子曰：“天行有常，不为尧存，不为桀亡。”（《荀子·天论》）揭示了“天”是客观存在的，而人类社会的存亡遵循着社会运行的法则，二者没有必然的因果关系。由此我们可以清晰地认识到，我们面对的宇宙是一个包括人类自身在内的统一的整体，是一个自由运动的过程。

3.“天人合一”思想对人与自然关系的和谐共生认识

生态系统是一个包括人类社会在内的复杂系统。在人类社会早期，人类由于对自然界的认识有限而处于被动适应自然阶段。随着农耕文明的发展，人类利用和改造自然的积极性大大提高，这时的活动也在自然环境承受范围之内，人与自然能够和谐相处。但随着人类工业文明的到来，大量资源被开采利用，同时自然环境也受到不同程度的污染与破坏，当人类还陷入对自然的主宰地位不能自拔时，自然生态用危及人类生命健康的方式，如大气污染、土地荒漠化，对人类敲响了警钟。在所谓后工业文明到来的当今社会，人们逐渐认识到人与自然的协调发展对人类长期生存和社会持续发展的极端重要性。我国的工业发展起步较晚，但中国式的经济增长速度一度令世人惊叹。我们在发展初期就提出避免走西方国家先污染后治理的老路，但对于经济发展的急切渴望又让我们在某种程度上忽视了对自然生态的保护。一方面要发展经济、富国强民，另一方面又要保持生态平衡，这是个两难的问题。要想恰当处理人与自然的关系，实现科学发展是我们必须解决的问题。

世间万物的运行都遵循着各自的规律，周而复始。"万物并育而不相害，道并行而不相悖"（《中庸》），万物虽有各自的生长发展规律，但均处于自然生态的总系统中，相交相融而和谐共生。由此可知，人类及人类社会不过是自然生态中的一员，不能够脱离自然生态而独立存在于宇宙之中。我们可以肯定的是，人虽然无法改变"天"的自然运行规律，但人却具有主观能动性。

荀子提出"制天命而用之"的观点，认为人可以在掌握自然运行规律的前提下去利用和改造自然之天。比如，我们的先祖就在长期经验积累的基础上总结出了二十四节气来指导农耕之事，使人们能够获得长久生存的物质保障，世代繁衍生息。人类虽然具有利用和改造自然生态的主观能动性，但并不能肆意发挥。

因此我们要主动调控自身的能动性，树立自觉保护自然生态的意识。"子钓而不纲，弋不射宿。"（《论语·述而》）孔子只钓鱼而不网鱼，只打飞鸟而不打正在休憩的鸟儿，对于自然之物从不赶尽杀绝。孟子曰："亲亲而仁民，仁民而爱物。"（《孟子·尽心上》）仁爱之心不仅体现在对人身上，也要体现在对自然万物上，这种博爱精神对自然生态也赋予了仁爱的情感体验。张载曰："乾称父，坤称母，予兹藐焉，乃浑然中处。故天地之塞，吾其体；天地之帅，吾其性。民，吾同胞，物，吾与也。"（《西铭》）张载所提出的"民胞物与"以人伦之常类比人与自然生态的和谐共生关系，彰显出深刻的生态伦理思想。

儒家文化中所包含的朴素的自然生态观虽然产生于农耕时代，但当今人类社会的发展依然立足于自然生态的可持续发展之中，因此，可资借鉴之处颇多。

4."天人合一"思想对人的地位和价值的一贯珍视

《易经》说"三才，天地人之道"，中华优秀传统文化一个特别珍贵的地方就在于其对存在于天地间的人的价值的珍视。中华民族非常在乎生前身后名，在文化多元的当今世界，曾有人说中国人没有信仰，在现实社会摸爬滚打，无所畏惧。其实，我们可以说中国人真正信仰的是在时间积累中所体现的人的宝贵价值。中华民族历来就有祭祀祖先的传统，而且非常重视这种祭祀的活动，荀子曰："祭者，志意思慕之情也，忠信爱敬之至矣，礼节文貌之盛矣。"祭祀祖先的目的并不仅仅在于对逝去先人的缅怀，更在于对人的生命的敬畏和对祖辈们毕生拼搏所流传下来的物质和精神财富的感恩。曾子曰："慎终追远，民德归厚矣。"（《论语·学而》）意思是慎重对待人生命的结束，追怀先祖，民风就会归于淳朴。人们对已过去的久远的东西往往容易忽视，如果能对死去的人或远祖都慎重追怀，那么对活着的人自然能更关爱。对于故去的亲友与远古的祖辈的慎重纪念，实际上是在培育人们怀有感恩之心，并以实际行动回馈社会。在对待生死这样的超现实问题上，儒家始终保持着一种理性的和唯物的立场，将目光紧紧放在人自身价值的实现上。

（二）人生观与"修己达人"思想

1.在共产主义社会理想指引下学习"修己达人"思想

人生观代表了个体对生活的核心议题，包括生命的目标、存在的意义、面对生活的哲学以及人生旅途的选择等方面的理解和立场。个人人生观的形成必定离不开特定的历史时代及其所处的社会环境。当代大学生在思想政治理论课程中所要学习的人生观，是与中国社会离不开的。首先，在人生的理想信念学习中，我们要坚定树立共产主义的社会理想，追求自由人的自由组合，每个人在成就自己的同时又成全他人。其次，在人生价值的学习中，我们要在社会物质和精神财富不断增长的过程中满足个人生存与发展的各种需要，但个人对社会索取的同时又在通过自身的有限劳动为社会创造物质和精神财富。一味地谈个人对社会的索取，会使一个人陷入狭隘的自私自利的个人主义境地，而一味地谈个人对社会的贡献，又会使一个人陷入个人虚无的奉献情怀。个人与社会是相互成全的共生共长关系，个人价值的确立应当立足于社会进步，进而实现个人的价值。最后，在人生态度以及人生道路的学习上，应当在学习过去的社会历史发展路程、思考当下社会发展状况的基础上，坚定社会发展的前进趋势，在个人有限的生命时光里，积极面对自己所生活的社会，在为社会进步所做的贡献中体现自己人生价值的升华。人生问题是中华优秀传统文化向来关注的重要问题，儒家文化中的"修己达人"思想是历代有志之士的共同人生价值取向。

2．"修己达人"思想对"达人"的目标追求

中国古代圣贤在对人生问题的深刻省思和对自身的不断完善中寄予了个人崇高的人生目标，即所谓"为天地立心，为生民立命，为往圣继绝学，为万世开太平"（张载《横渠四句》）。这个崇高目标的指向便是个人所在的国家与百姓。儒家文化提出了一条明确的人生道路，那便是修身、齐家、治国、平天下。"子路问君子。子曰：'修己以敬。'曰：'如斯而已乎?'曰：'修己以安人。'曰：'如斯而已乎?'曰：'修己以安百姓。修己以安百姓，尧舜其犹病诸!'"（《论语·宪问》）孔子所说的"修己以敬""修己以安人"和"修己以安百姓"其实是一个自觉的递进过程。修炼自己的第一个目标是使自己养成诚挚的人格品质，但这只是开始，是为之后的"安人"与"安百姓"而准备的基础。修身的真正目的是使他人安乐，使天下百姓安康。孟子曰："得志，泽加于民；不得志，修身见于世。穷则独善其身，达则兼济天下。"（《孟子·尽心上》）从孟子的这句话中，我们可以体会到其对于修身的一贯坚守以及对于恩泽百姓和达济天下的价值追求。"大学之道在明明德，在亲民，在止于至善"（《大学》），这是儒家明确提出的"三纲领"，一直被视为我国古代思想政治教育的总目标，即首先要发扬自身光大美好的品德修养，然后追求"亲民"的目标。

3．"修己达人"思想对"修己"的方法要求

"修己达人"是在对自身严格要求的基础上对心怀天下苍生的愿望追

求。那么如何达到"修己"便成为至关重要的问题。《大学》继提出人生总目标的"三纲领"之后，又明确提出"八条目"作为实现崇高人生目标的具体内容和方法："古之欲明明德于天下者，先治其国；欲治其国者，先齐其家；欲齐其家者，先修其身；欲修其身者，先正其心；欲正其心者，先诚其意；欲诚其意者，先致其知；致知在格物。格物而后知至，知至而后意诚，意诚而后心正，心正而后身修，身修而后家齐，家齐而后国治，国治而后天下平。自天子以至于庶人，壹是皆以修身为本。""修身"是立身处世之本。继"修身"之后的"齐家""治国""平天下"，是"修身"以至于"至善"的方式和途径，目的是"止于至善"。而"修身"之前的"格物""致知""正心""诚意"，是修身的方式和途径。

"格物"就是即物穷理，在个人的亲身实践中去探明事物的本性和发展规律；"致知"即求为真知，是在"格物"的基础上所达到的对于事物的自觉的理性的认识；在"致知"之后方才可能达到"诚意"，其标志是"毋自欺"，重在慎独自律，用真情实意，实实在在为善做事，追求自我的完善；"正心"是除去外在繁杂环境的干扰，不被喜怒哀惧等各种情绪所牵扰，保持一种平静正直的心境。"正心"是一个人心灵的净化，而"修身"则是外在行为的净化，至此，儒家最为重视的"修己"之本才可能实现。"路漫漫其修远兮，吾将上下而求索"，在人生道路上，"修己达人"需要的是一以贯之的坚守和不断深化的修行。

（三）道德观与"仁爱忠恕"思想

1.在社会主义道德规范中学习"仁爱忠恕"思想

道德观是在一定社会的意识形态影响下，人们在个人、家庭、社会以及职业等领域应遵守的道德行为规范的基本观点。社会主义的道德观以公民为中心，并形成一套完善的道德规范体系。中共中央颁布的《公民道德建设实施纲要》，规定了公民的基本道德规范，即爱国守法、明礼诚信、团结友善、勤俭自强、敬业奉献。此外还有社会公德、家庭美德与职业道德的具体道德要求。成为具有高尚道德品质的社会成员，是大学思想政治理论课程追求的关键目标之一。中国传统文化以儒家思想为骨干，强调通过道德教育来培养人格，孕育出一种追求善良与和谐、以伦理道德为核心特征的"德性文化"。在悠久的历史进程中，这种以伦理为导向的文化逐步构建了一套成熟的道德价值观体系，涵盖了从个人、家庭到国家乃至宇宙的道德规范，并发展出了一整套完善的道德教育理念。

2. "仁爱忠恕"思想的建构逻辑

儒家的"仁爱忠恕"思想所规定的是人处在不同领域、扮演不同角色时所应承担的道德责任，并以此来维系人伦关系的和谐。"颜渊问仁。子曰：'克己复礼为仁。一日克己复礼，天下归仁焉。为仁由己，而由人乎哉？'颜渊曰：'请问其目。'子曰：'非礼勿视，非礼勿听，非礼勿言，非礼勿动。'"（《论语·颜渊》）孔子所说的"仁"就是"克己复礼"，即人要克制住自己的私欲和偏性，使人心能够返回到符合天人之道的礼制上，这其实说的是个人的道德自律。做到道德自律的方法就是使个人的一切视听言行都要符合一定的礼制规范。

"克己复礼"是"成仁"的第一步，接下来是要讲求在家庭之中的"孝悌"之道。子曰："弟子人则孝，出则悌，谨而信，泛爱众，而亲仁。行有余力，则以学文。"（《论语·学而》）这里的"弟子"就是指读书求学的学生，这句话的意思是要求其在家中与父母相处时就要遵守孝道，出门与兄长相处时要尊敬兄长。这种仁爱之心由血缘关系向外推及非公众关系，就变成了"泛爱众"。有子曰："其为人也孝弟（悌），而好犯上者，鲜矣；不好犯上，而好作乱者，未之有也。君子务本，本立而道生。孝弟（悌）也者，其为仁之本与。"由对父母的孝道上升为对君臣之道的遵守，由对兄长的悌道，推及他人的忠恕之道，即"爱人"。孟子曰："君子所以异于人者，以其存心也。君子以仁存心，以礼存心。仁者爱人，有礼者敬人。爱人者，人恒爱之；敬人者，人恒敬之。"自己心存仁爱，就会以仁爱之心去对待他人，以仁爱之礼与他人相处，从而取得一个良好的人际关系。自此我们可以看出"仁爱忠恕"思想的实质是家国同构的道德规范体系。

3.传统"五伦"与"五常"的当代转变

"五伦"是中国传统社会中五种基本的人伦关系及其言行准则，即父子关系、君臣关系、夫妇关系、兄弟关系、朋友关系。忠、孝、悌、忍、善是对应这五种关系的言行准则。孟子曰："使契为司徒，教以人伦：父子有亲，君臣有义，夫妇有别，长幼有序，朋友有信。"父子之间有尊卑之序，所以子对父孝；君臣之间有礼义之道，所以臣对君忠；夫妻之间挚爱而又内外有别，所以彼此之间应忍；兄弟手足之间乃骨肉至亲，所以弟对兄悌；朋友之间有诚信之德，所以相互之间要善。传统社会的"五伦"是建立在家国同构基础上的，而当前中国社会的"五伦"随着社会主义道德体系的构建发生了相应的变化。

传统"五常"为仁、义、礼、智、信，而"新五常"的调查的结果却与之差异明显。在进行多选项选择的调查中，最受认可的五种德性依次是爱、诚信、责任、正义和宽容。在这五项品质中，尽管"爱"与"诚信"能在某种程度上与传统价值观中的"仁"与"信"相呼应，但其余三个——责任、正义和宽容——显然带有浓厚的时代特征。

从这项颇具权威性的关于"新五伦"和"新五常"的调查分析中，我们不难看出道德随着具体历史时代的变化而被赋予不同的内涵，新的人伦道德的变化反映出时代的进步，但并不是说传统的道德伦理彻底失效。道德的主体永远是人，传统伦理道德观念中对于人精神的重视总是值得后人反思和借鉴的。

（四）法制观与"德主刑辅"思想

1.在依法治国基本框架中吸取"德主刑辅"思想的合理成分

自改革开放以来，我国大大加快了法治建设的进程。由宪法和各项具体法律所组成的社会主义法律体系已经基本建成，各项法律的执行和完善也不断取得新的突破。依法治国简单来说可以叫作"遵循善法"。"善法"说的是社会主义的法律从其本质来讲是为了维护广大人民群众的合法财产安全以及人身安全，是使社会主义国家正常运行的法律保障。"善法"是我们自觉认同和遵守社会主义法律的前提。当代大学生在思想政治理论课程学习中的重要内容之一就是懂得依法治国基本国策实行的重大社会意义，明确以德治国和依法治国二者的关系和各自所发挥的作用。在我们的传统社会中有一个德治的传统，"德主刑辅"思想是其一直遵循的治国理念，在现代社会依法治国的基本框架下，"德主刑辅"思想依然有其值得借鉴吸收的合理成分。

2.德治传统逻辑延伸下的人治本质及其局限性

在中国古代，伦理型的儒家文化一直占据着传统统治地位，儒家文化十分重视道德的养成以及道德理想的传播，在治国理念上，对德治主张推崇备至。子曰："为政以德，譬如北辰，居其所而众星拱之。"（《论语·为政》）只要以德治国，就如北极星一样自居其位而众星环绕，能够出现一种井然有序的社会秩序。孟子曰，"夫国君好仁，天下无敌"（《孟子·离娄上》），"仁人无敌于天下"（《孟子·尽心下》）。在他看来国君以自己的仁德治理天下才是为王之道。这样一来，国君的个人德行就成为德治的关键因素。国君的个人道德品行是天下效仿的对象，所谓"政者，正也。子帅以正，孰敢不正"（《论语·颜渊》）。子曰："其身正，不令而行；其身不正，虽令不从。"（《论语·子路》）从这句话我们可以看出国君的道德操守与政治统治的运作紧密相连。因此，国君既是政治生活的中心角色，又是道德生活的中心角色，并且道德活动的目的是政治运行。孟子曰，"身正而天下归之"（《孟子·离娄上》），"君子之守，修其身而天下平"（《孟子·尽心下》）。儒家认为，推行德治是最佳的治国方案，而国君的高洁德行又是德治的关键。自此可以推导出中国古代社会德治传统的推进结果其实是人治，人治是德治主张的实践的必然结果。孟子曰，"天下之本在国，国之本在家，家之本在身""一正君而国定矣"(《孟子·离娄上》)。这正是对人治的典型表述。荀子主张"隆礼重法","礼者，法之大分，类之纲纪也"（《荀子·劝学》），但礼治的实质仍然是人治，荀子曰："礼有三本：天地者，生之本也；先祖者，类之本也；君师者，治之本也。""故礼，上事天，下事地，尊先祖而隆君师，是礼之三本也。"（《荀子·礼记》）以君师为治国之本，这就又明确了国君在治国理政中的重要地位，其人治本质显而易见。荀子又说，"法者，治之端也；君子者，法之原也""法不能独立，类不能自行，得其人则存，失其人则亡"（《荀子·天道》）。可见其在德治主张下并不排斥法的作用，但法始终处于次要的和派生的地位，是德治与人治的辅助工具。

中国德治传统中关于德治、人治的主张派生出许多丰富的民本思想，但同时也产生了一些不可避免的消极影响，比如对"德治"的推崇，造成对人治过分依赖，因而在我们的民族传统中法治意识向来淡薄，民众对明君贤臣求之若渴。对君主寄予圣洁德行的厚望，却没有对最高权力的制约与监督，这在一定程度上阻碍了政治和社会的发展进程。

3. "德主刑辅"思想对建设现代法治社会的启示

中国的德治传统延续了几千年，而中国要实现现代化就必须建设法治国家，如何处理好德与法的关系是当前必须重视的问题。德治的传统排斥法治，将德与法的关系割裂开来。这种极端的方式及其产生的弊端已经清晰可见，但我们并不能因为这一点而将其视为传统文化的糟粕并进而彻底否定之，也不能将中国传统的法律笼统归为糟粕而束之高阁。从一种极端走向另一种极端并不是我们的最终目的，我们并不能以彻底否定德治为前提来推进法治。德治与法治并非处于绝对对立的状态，依法治国与以德治国二者相互补充。一方面，依法治国以对法的体系的建制为前提，而法的体系的建制，必须充分考虑其所处社会环境的道德基础，法律的制定始终需要有一定的道德基础为其提供正当的价值取向。另一方面，法律推行的有效性的实现，也必须借助于人们相应的道德价值观念。法治强调的是外在他律，而德治注重的是内在自律，只有将他律与自律相结合，才能呈现理想的社会状态。如此而言，儒家文化中主张的道德教化和德行修养便可为现代法治提供有益的帮助。法理政治自11世纪宗教革命萌芽以来，几个世纪之中，西方理论家给予充分的理论分析，使之在哲学、历史、法学和社会学等多个维度，获得强有力的理论支撑，变成一种现代世界普遍认同的政治模式。但伦理政治作为中国自古就有的政治模式，不论是古典时代，还是现当代，都未曾得到富有理论力度的系统阐释。但我们应该拨开封建统治的专制性弊端，反观德治传统对人的道德力量的倾注，从古代思想家文约义丰的话语中挖掘其有益于当代法治建设的宝贵思想，真正做到古为今用，推陈出新。

（五）价值观与"义利并举"思想

1.在社会主义市场经济条件下学习"义利并举"思想

我国的经济体制经历了从计划经济向市场经济的重大转变。从历史作用来看，计划经济在新中国成立初期曾经起到过终结恶性通货膨胀、稳定物价水平和维持社会生活基本秩序的重大作用。计划经济的实质是政府配置资源，但计划经济条件下的物质生产水平远远不能够满足人们的生活和发展需求。改革开放以来，随着市场经济在我国的基本确立，才真正向现代化的社会主义迈进，在市场经济的作用下，社会物质财富迅速丰富，人们的生活水平也不断提高。市场能够最大限度地提高资源配置效率，带动新的生产领域的发展。满足人们物质财富的需求本来就是社会主义发展的题中应有之义，在市场的公平竞争中追求自己的合法利益，已经是现代社会再正常不过的事情了。当代大学生在思想政治理论课程学习中也必须树立正确的市场观，明确市场经济的发展是社会发展的重要物质基础，是人们走向更加富饶和美好社会的必由之路。

中华优秀传统文化中关于义与利问题的思考由来已久。"子适卫，冉有仆。子曰：'庶矣哉！'冉有曰：'既庶矣，又何加焉？'曰：'富之。'曰：'既富矣，又何加焉？'曰：'教之。'"（《论语·子路》）孔子认为"富"和"庶"是治国和教化民众的基础。对此，朱熹阐释说："庶，众也。庶而不富，则民生不遂，故制田里，薄赋敛以富之。富而不教，则近于禽兽，故必立学校，明礼义以教之。"（《论语集注》）自古至今，社会的发展和人民的生活都离不开一定的物质基础，有了经济保障才能够国泰民安。在"义"与"利"的关系上，儒家提倡先义后利、见利思义，利的取得必须符合义的标准。董仲舒阐发了"义利两有"的观点："天之生人也，使人生义与利。利以养其体，义以养其心，心不得义不能乐，体不得利不能安。义者，心之养也；利者，体之养也。体莫贵于心，故养莫重于义，义之养生人大于利。"（《春秋繁露》）义和利对人们来说都是不可或缺的，但义又重于利。到了明朝第一次有人提出"义利并举"。明代文学家李梦阳《明故王文显墓志铭》中记载："夫商与士，异术而同心。故善商者，处财货之场而修高明之行，是故虽利而不污，故利以义制，名以清修，恪守其业，天之鉴也。"由此可见，"义利并举"思想的真正提出者并不是文人思想家，而是中国古代的商人。当然，这种义利观也是符合现代社会市场观念的，值得我们学习。

2.中国古代统治阶级"轻商主义"下的"贬商主义"实质

商人在中国古代历史典籍中记载得非常少，在重农抑商的传统思想下，商人地位低下。但在中国成为大一统的中央集权制国家之前，商人的地位还是比较高的，据《货殖列传》中记载："子贡结驷连骑，束帛之币以聘享诸侯，所至，国君无不分庭与之抗礼。"成语"分庭抗礼"即出于此，描写的是春秋时期的大商人、孔子的学生子贡带着帛和币周游列国，诸侯与他在同一个亭子里面，各站一边，并行使同样的礼仪。在春秋战国时期，有些商人的政治地位相当高，比如齐国的重臣管仲、秦国重臣吕不韦都是商人出身。究其原因，是因为这个时期的民间资本比较发达，商人的地位相对较高。

中国历来是一个重商国家，工商为富国之本，富国何必用本农，足民何必井田也。中国的老百姓喜欢钱而且非常善于创造财富。但同时又贬低商人，把商人叫作九流之末。在科举制度盛行时，"工商杂类，不得预于士伍"《旧唐书·百官志》，商人是不能参加科举考试入朝为官的。商人阶层被贬低，与其说是一种意识形态，不如说是国家治理的现实需求，因为国家出于经济上的需求，必须抑制民间资本的竞争。古代中国的经济发展靠的是特许经营制度，在控制重要生产资源后，特许一些商人从事经营。这种中国式的商业环境带来的弊端显而易见，那就是寻租空间非常大，官商特征明显，民间资本无法正常发展。

3."义利并举"思想对政府与市场关系的启示

时至今日，中国市场经济还处于不断完善的过程中，中国的政府在不断实践中逐渐厘清了市场与政府的关系。要在资源配置中发挥市场的决定性作用，是政府与市场关系的实质性理论突破。但要真正实现市场的决定性作用，还必须进一步破除各种形式的垄断，建设正常的、平等的政商关系。"义利并举"对于政府来说主要在"义"，对于商人和市场来说主要在"利"。政府要更好地发挥作用，将政府在职能上的"错位"转向服务型政府的"正位"。具体来说，一方面，要降低对微观经济活动的直接管控，更多地授权给市场机制自主调节。同时，增强对社会事务的管理及服务能力，努力构建以服务为中心的政府机构形象。进一步简化行政审批程序，提高行政效率和透明度，减轻企业和公众的负担，激发社会创新活力。另一方面，要规范市场秩序和强化市场监管，让社会主义市场经济有序运行和发展壮大。

（六）心理健康与"中庸"思想

1.从对心理健康问题的急切关注中学习"中庸之道"

个人心理健康的标准首先是具备完善的个性特征，个人对自己以及他人的认知、情绪情感的体验以及意志行为的反应均处于积极的状态，并且在生活中恰当应对人际关系和环境影响，保持一种平稳的心理状态。良好的心理素质和较强的环境适应能力是当代大学生应当具备的条件，当代大学生思想政治理论课程也越来越重视心理健康问题。中华优秀传统文化中的"中庸之道"是古代贤人保持身心平衡的重要方法，它在个人自身认知、情绪调节以及与他人、社会相处方面，都有值得我们学习借鉴之处。

2. "中庸"思想对于个人保持身心健康的启示

每个人的日常生活无时无刻不伴随着情绪情感的变化，从心理学的角度来说，情绪情感的产生是不可避免的，它是个人对自身的内外需求有无得到满足的自然体验。喜怒哀惧是人的基本情绪体验，而复杂现实生活中的情绪情感体验则更加丰富多变。情绪情感对人的影响没有绝对好坏之分，但总的来说，积极的情绪情感体验会给人以动力，而消极的情绪情感体验则会使人动力削减。对情绪情感的控制能力是一个人保持积极健康心理状态的重要因素。《中庸》说："喜怒哀乐之未发，谓之中；发而皆中节，谓之和。中也者，天下之大本也；和也者，天下之达道也。"朱熹又解释说："中者，不偏不倚，无过无不及之名。庸，平常也。"（《中庸章句集注》）从心理学上说，"中"是一种稳定的心理状态，"和"是一种适度调控情绪的积极行为。当一个人处于一种稳定的平和心态之中，外界一般刺激所引发的情绪就不会过于强烈而使人失控；而当生活中遭遇重大生活事件时，人们就会自觉调控情绪，使之保持在一定的度。个人做到合理调控情绪的前提是具有自我调控的意识，这种意识的培养就需要个人的道德修养和"克己复礼"。

3. "中庸"思想对于个人与社会适应的启示

中国传统的儒家文化最可贵之处就在于它的积极入世心态。孔子曰："知其不可为而为之。"（《论语·宪问》）孟子曰："当今之世，舍我其谁。"（《孟子·公孙丑下》）人是社会性动物，个人与他人和社会的关系问题是不可回避的。孔子强调"己欲立而立人，己欲达而达人"（《论语·雍也》），"己所不欲，勿施于人"（《论语·卫灵公》），"君子成人之美，不成人之恶"（《论语·颜渊》），这是个人道德高度自律的体现，从自己出发，推己及人，就能想他们之所想，减少与他们的矛盾，寻求共处之道。而当自己所处的社会环境与自己的理想状态不一致，并且通过一己之力无法改变之时，如果过度纠结于个人的理想抱负无法实现就极有可能导致消极厌世，使身心健康长期受损。

子曰："贤哉，回也！一箪食，一瓢饮，在陋巷，人不堪其忧，回也不改其乐。贤哉，回也！"（《论语·雍也》）孔子称赞其弟子颜回身处贫穷之境而不为所困，这正是因为颜回对于自身的处境有着高度自觉的认识并且心有所向而不为所动。孔子曰："笃信好学，死守善道，危邦不入，乱邦不居。天下有道则见，无道则隐。"（《论语·泰伯篇》）孟子曰："穷则独善其身，达则兼济天下。"对个人的道德品性有所坚守，对自己所处的社会环境有如明镜在心，就能有效调节个人与社会的关系，泰然处之。

三、中国传统文化在思想政治理论课程学习中推进的对策

（一）确立中华优秀传统文化在思想政治理论课程学习中的原则

坚持以马克思主义为指导思想的理论立场

马克思曾说："人们创造自己的历史，但是他们不是随心所欲地创造，并不是在他们自己选定的条件下创造，而是在自己直接碰到的既定的、从过去继承下来的条件下创造。"中华民族的传统文化就是这样的已有条件。传统是历史的延续和发展，中华优秀传统文化不仅藏于现存的历史文物古迹之中等人品味，也不仅写于经典古籍中等待后人研读，它更是至今还活跃在人们的生活实践中，并且在这样的实践中继续随时代而变。马克思主义的实践观是我们在思想政治理论课程学习中接纳和推进中华优秀传统文化的根本依据。

从哲学观点来看，中华优秀传统文化包含中国古代关于自然、社会、人生问题的哲学思考，其中蕴含着丰富的朴素唯物论和辩证法思想。在我国古典思想体系中，众多观念与马克思主义之间存在着紧密的关联和相似性。我国哲学传统不仅拥有深厚的唯物主义根基，而且展现了深刻的辩证思维方式，这些特点与马克思主义的辩证唯物主义理论不谋而

合，值得我们深入探究和理解。从文化的视角来审视，我国卓越的传统文化所蕴含的人文价值极为丰富，它既涵盖了对道德伦理层面的追求，也包括了对哲学、宗教、文学艺术以及人文关怀等方面的价值寻求。虽然中华传统文化与马克思主义产生的时代背景和社会土壤相差悬殊，但二者某些在一定意义上具有永恒价值的思想却可以超越时空的羁绊而有相通之处。

（二）坚持立足时代需求继承发展传统文化

当代大学生作为中华民族未来的建设者和接班人，就必须传承这个民族丰厚的文化遗产，然而也正是因为传统文化的丰厚，给我们带来了承袭的负担。传统并非单纯地扮演一个保守的角色，仅仅忠实地保存所接受的一切，再将其原封不动地传承下去。它也不类似于自然过程，在形式和形态的不断演变与活动中，始终维持其初始的规则，而缺乏任何进步。因此，在了解中华传统文化的基础上，以一种理性的态度和务实的精神继承和发展传统文化，便成为一件至关重要的事情。

文化传承的方法历来就有义理传承和知识传承两种。前者是一种本体意义上的传承，认为文化是一个民族生生不息的生命之流。义理传承的方式超越了功利的权衡，但也因为它将文化看作我们自身而无法进行客观的批判与反思。而知识传承是对文化所承载的知识的传承，它将文化看作一种已知的知识经验，这样我们就可以对文化进行反思和重建，但这种文化传承方式也可能被外在的标准干预而发生扭曲。由此可以看出，文化的义理传承和知识传承各有优缺点，如果跳出各自的框架，二者便可以达到一种功能上的互补。实际上，儒家文化自孔子开创之后，在传承上就有上述两种传承方式的并行开展。以孔子为创始人的儒家学派，以及孟子和荀子等杰出代表，肩负着推广孔子教诲的重要使命。他们通过深入解读孔子的言行举止，积极传播儒学的核心价值观。这种传承方式被称为义理传承，是儒家思想传承的主要途径之一。孟子作为内圣学统的代表，强调个体内心的修炼和道德修养；而荀子则代表外王学统，更注重社会秩序和政治伦理。尽管两者侧重点不同，但他们都属于义理传承，都致力于将儒家思想发扬光大。与此同时，道家、墨家、法家等其他学派也对儒家思想提出了各种批判。其中，老庄倡导无为而治的思想，墨翟主张兼爱非攻的理念，韩非则提倡法治国家。这些学派的涌现，为儒家的知识传承系统带来了挑战与创新。

一定的文化是一定社会的政治和经济在观念形态上的反映，中华传统文化的发展变化是过去几千年古代中国社会的政治和经济的反映，那么中华优秀传统文化在当代中国的传承便不能只囿于义理传承和知识传承的方法。社会主义中国既创造了反映社会主义政治和经济的文化，又面临西方文化的冲击以及传统文化的继承问题，在多元文化背景下的文化创新显得尤为重要。一方面文化创新不可能抛开传统文化从头开始，另一方面，文化创新又努力将时代精神赋予传统文化，珍惜文化遗产不等于盲目追随传统文化，我们的传统文化至今能够生生不息，正是因为它能够推陈出新，保持活力。当代大学生一方面要研读诸如《周易》《论语》《礼记》《史记》这样的经典古籍，阐发中华优秀传统文化之要义，另一方面要对存留于社会生活之中的以非文本形式存在的传统文化进行考察，立足于现时代的需求发展优秀传统文化。

坚持高校大学生在学习中的主体地位

中华优秀传统文化向来注重人的主体价值的发挥，尤其是儒学更加重视个人的道德修养以及个人社会价值的发挥。在天人关系之辩中，天命虽然不可违，但天人的精神实质上是高度合一的，人的命运是天命的体现。孔子说："人能弘道，非道弘人。"大道是一代又一代人薪火相传而弘扬开来的，不是从天神那里寻求的神道，而是从人自身寻求的人道，这种人道的实质是个体创造性的生命精神。孟子提出要养浩然正气，认为人性本善，只要遵其本性而行之便能尽其可能地挖掘自身的禀赋与潜能，赞天地之化育，实现人与天与地鼎足而立，成全自我。此外，中华优秀传统文化非常重视理想人格的培养，并且具有明确的教育目标、完备的教育内容、有效的教育方法。在构建教育目标的过程中，我们专注于培育既具备优秀道德品质又拥有才能、能够促进社会和谐发展的全面人才。这种教育模式强调了个体内在品德与能力的发展，以及他们对社会政治经济环境的适应与贡献。在教学内容的设计上，我们致力于实现道德认知与情感意志的融合。这意味着学生不仅学习道德规范，更通过情感和意志的培养，将道德内化为自己的行为准则。在教学方法的选择上，我们倡导"学、思、行"三者的有机统一。通过鼓励学生在学习中思考，并将所学知识应用到实践中去，以实现知识的深入理解和技能的有效运用。

以学生为本是现代教育学的主流观点，从现代教育理论和实践的发展趋势来看，教育已不再是从外部强加在学习者身上的东西，也不是强加在别的人身上的东西。教育必然是从学习者本人出发的，因此，学习过程的内在机制首先是学习者认知的获取和情感的体验，然后经过认同接受以及整合内化的过程形成新的认知体验，有效的学习必定是自觉自为的学习。大学生的思想政治理论课程学习是一种特殊的学习活动，是学习者对于教育者以及相关理论课程所传递的思想政治、道德品质内容的认同和接纳过程。从马克思主义的认识论来说，这个学习过程是学生在教师指导下逐渐掌握必要的社会历史经验、认识和改造主客观世界的过程。

无论从中华优秀传统文化重视人的精神来说，还是从现代教育学"以人为本""以学生为本"的学本位教育理念来看，高校思想政治理论课程的学习都必须改变以往以教师和教材为中心的教育模式，将大学生真正视为学习的主体，匡正其在教与学中的主体地位。思想政治理论课程的学习应该以学生为中心和本位，在观察学生的外在行为表现的同时，更要留心洞察学生的内在精神世界以及思想品德状况，全面深刻了解学生关于该课程学习的真实学情。在教育教学中将学生置于中心地位就要把教育教学的理念、目标原则和方法定位于尊重理解学生和提高造就学生，整合有益于学生成长成才的教育教学资源。以往该课程教育教学是以教来塑造学，让学适应教，而现在是要以学引领教，让教适应学；"教"强调的是内在控制，"学"则强调内在的激发。

（三）加强思想政治理论课程教材中有关传统文化内容的编写与实施

1.加强思想政治理论课程教材的编写

中华优秀传统文化在思想政治理论课程学习中的推进，必须有其课程教材的相关内容作为依据。我们的思想政治理论课程体现的是马克思主义的科学理论体系，该课程所有具体内容都必须与这个科学理论体系保持高度一致。但这并不等于说思想政治理论课程的教材体系就是马克思主义的理论体系，事实上，由于马克思主义的理论体系非常庞大，我们不可能也没必要做到这一点。思想政治理论课程具体内容的编写还必须满足教育教学的实际需要。中华优秀传统文化富含思想政治教育内容，是我们进行有效思想政治理论课程学习所避不开的民族文化问题，因此有必要体现在具体的课程教材中，但是中华优秀传统文化博大精深的特点又要求选入课程中的内容必须精练和有效。

除了在原有的思想政治理论课程中融入精练有效的传统文化内容外，还必须打造专门的中华优秀传统文化课程，应当在大学生的学习课程中开设中华优秀传统文化必修课，添加相关文化选修课，并推广使用马克思主义理论研究和建设工程重点教材《中国文化概论》。从课程性质来说，此课展示了马克思主义在文化领域与中国实践相结合的理论成果。因此，中华传统文化融入大学政治理论教学得到了教材体系的支持。

2.优化思想政治理论课程教材的实施

思想政治理论课程的教材是以一种相对静止的知识或理论形态存在的。大学生对于该课程的学习也并不能简单地看作对教材内容的知晓和被动接受。将有益于思想政治理论课程学习的中华优秀传统文化有机地融入课程教材只是课程学习的前提和基础，而对于教材内容的把握和实施才是取得成效的关键。教材、教师和学生是思想政治理论课程学习的三个主要因素，而其目的始终是学生的思想政治品德形成和发展。因此，要将课本上的知识转换为教师讲授的内容，把讲授的内容转化为学生学习的知识，并进一步使学生能够将这些知识运用到认知和实际操作中。思想政治理论课程教材的容量是有限的，能够融入其中的中华优秀传统文化的内容更是有限的，然而教师和学生围绕教材而展开的思想政治理论课程的教与学却是无限的。教师和学生在课程学习过程中的预设与生成会伴随教的主体与学的主体的能动性发挥而丰富多彩。

（四）提高思想政治理论课程教师的思想理论素质与传统文化修养

1.切实把握课程实施和注重学情分析

教师是具体课程的实施者，是引导大学生进行课程学习的关键角色。教师只有具备良好的素质，才能有效实施思想政治理论课程，引导大学生进行有效学习，保证该课程的育人目标的实现。一名合格的思想政治理论课程教师，必须不断提高自身的综合素质，才能胜任党和国家赋予的培育优秀人才的历史重任。在政治素养方面，思想政治理论课程的教师必须拥有坚定的政治立场，这样才能充分重视中华优秀传统文化在教学中的深远意义，并能正确引导其在课程中的融入。就道德素质而言，这些教师应当持有正确的思想道德观念并掌握有效的教育方法，以便于将中国传统文化中丰富的德育资源有效地融合到教学之中。在文化修养方面，教师要首先主动提升中华优秀传统文化修养，培养积极的民族情感，这样才能将优秀传统文化的魅力展现给思想政治理论课程的学习者。

当代大学生的学情不断变化，使高校思想政治教育总是会面临新的情况和新的问题。在当前该课程教学效果欠佳的实际情况下，重新审视中华民族的传统文化，将其融入思想政治理论课程教学，就是思想政治理论课程的教师所面临的又一重要且紧迫的新任务。教师要具备开拓创新的意识和能力，才能使该课程的教学符合大学生的成才和社会的发展需要。教学体系是由教师基于实际的教学情况所构建的，它应当与理论和教材体系在核心内容上保持一致。不过，这一体系同时需要展现教师的个性，反映出他们在教学上的创新和独特见解。其中最突出的就是要有针对性。做到有针对性就必须切实把握思想政治理论课程教材，必须注重大学生的学情分析。在教学过程中所呈现出的实际教学内容应当反映学生在现实境遇中的重大问题，要对教材进行适当的取舍和整合。

2.注重运用言传身教的教学方法

大学生思想政治理论课程的有效学习，离不开教师言传身教的示范教育。该课程的特殊性就在于，它所传达的并不是一般性的知识，而是关于人的优秀思想道德品质。所以如果不将思想政治理论课程和一般性的专业课程进行区分，用分析阅读、概念解释和理解记忆的一般学习策略进行学习，其效果只能是不增反减。中国古代的圣贤都强调以身立范，一言一行都对自己严格要求，从而通过自身高尚品德的感召力而影响他人。中华优秀传统文化正是因为其对于人的高尚道德品格的修养和坚守而展现出非凡的文化魅力。思想政治教育理论课程因为其理论内容的丰富而具有思想性，但过于强调理论教学就会使课程显得单一而枯燥，思想政治理论课程的育人目标很难真正实现。教师用中华优秀传统文化来增添其人格魅力，在学生面前的一言一行都体现出高尚的思想道德品格，才能使学生明确并深刻感受思想政治教育课程的学习目标，从教师的言传身教转化为自身的自觉自为。

（五）大学生在具体课程中的学习策略

1.知行合一

思想政治理论课程的内容具有很强的理论性，但正是在社会实践的不断发展中进行规律性的总结提升，才最终形成了系统的马克思主义理论。这个理论在社会主义中国的继续实践中还将向前延伸，理论与实践相结合是当代大学生思想政治理论课程学习的重要策略。将对事物的感性认识上升为理性认识是"知"的过程，由理性认识去指导实践活动是"行"的过程。知行合一才能将个人在学习生活中的认知、情感、意志转化为自觉自为的行动，使大学生言行一致、表里如一。

子曰："学而时习之，不亦说乎。"《论语》开篇的这一句话是我们所熟知的。所谓"学"，即解除迷惑、开启智慧；所谓"习"，就是反复多次地练习实践。"学"与"习"是相辅相成的，一个是"知"，一个是"行"，孔子所说的学习内容不仅仅是具体的知识，还有为人处世的大道。孔子觉得懂得为人处世之道，然后在生活中不断践行，体会人生的乐趣，才是让人内心愉悦的事情。

2.内省慎独

在思想政治理论学习中，自我教育不仅作为课堂教育的延伸，更是我们所追求的目标。内省是实现自我教育的关键方式。根据《论语·里仁》，孔子提出："见贤思齐焉，见不贤而内自省也。"这表明，看到品德高尚的人，我们应该主动向他们看齐，以他们为榜样；反之，若遇到不良行为，应反思自己是否存在类似缺点。孔子还强调："过而不改，是谓过矣。"（《论语·卫灵公》）意味着真正的过错不在于犯错本身——毕竟"人非圣贤，孰能无过"——而在于是否有改正错误的决心和行动。孟子对内省的内容进行了进一步的阐述，他提到："爱人不亲，反其仁；治人不治，反其智；礼人不答，反其敬。行有不得者，皆反求诸己，其身正而天下归之。"（《孟子·离娄上》）这反映出，如果对他人友爱却得不到亲近，就应思考是否真正赢得了他人的信任；在治理民众未见效果时，应反思自己的智慧是否足够；对别人表示尊敬却未得到回应，就应检查自己是否真心诚意。简而言之，无论何时言行未能达到预期效果，都应首先进行自我反省，识别并改善自身不足。通过持续的自我反省，个人的道德素质将不断提升，最终达到理想的人格境界。综上所述，在思想政治理论学习中，自我教育作为教育过程的扩展及目标，通过不断的内省和反思，引导我们向更高的道德标准努力，从而实现个人品德的提升和完善。

慎独是更高层次的自我修行方法，是将学习者从思想政治理论课程中所习得的思想道德品质内化为高度自觉的意志品质，并在今后的人生道路上始终坚守。"君子戒慎乎其所不睹，恐惧乎其所不闻。莫见乎隐，莫显乎微，故君子慎其独也。"（《礼记·中庸》）慎独是一个人独自居处并无他人在场的情况下，也能谨小慎微，自觉地规范自己的言行，遵从于自己内心的道德准则。当代大学生的思想品德修养内容虽然与古代圣贤相比具有明显的时代性差异，但是内省慎独的自我教育方法仍可作为思想政治理论课程的重要学习策略。

四、传统文化与高校思想政治教育融合在课堂中的推进路径

（一）充分发挥课堂教学的教育主渠道作用

在大学教育体系中，课堂学习是学生获取知识的核心环节，同时也作为培养大学生思想政治素养、挖掘和应用传统文化资源的中心平台，扮演着至关重要的角色。为了充分利用课堂教学的这一关键影响，我们必须对课堂教学内容和方法进行深入优化。

在设计大学课堂教育内容时，应充分考虑到学生的特性，并科学策划与中华杰出传统文化相关的课程。通过课堂授课不断加深对优秀传统文化的教学。我们需要深入探索教科书内容，并以学生乐于接受的方式传递传统文化知识，确保学生能够全面地吸收这些文化教育。同时，我们应积极寻求创新教学手段，发现并采用学生们偏好的教学方法，并将其运用于课堂教学当中，这将极大地提高传统文化教育的成效。考虑到传统文化的独特性，传统的以教师讲授为主的模式应转向更多采用探究合作式学习。通过分配任务让学生在课外收集资料，并在课堂上进行团队协作和探究，这样不仅提升了学生的学习兴趣，同时也使他们有效地学习了传统文化。

（二）在教学计划中纳入优秀传统文化教育

了解并探索传统文化的人文精神和其精髓，对于提升大学生的文化

素质至关重要。考虑到中华传统文化在培养当代大学生人文素质中的重要角色，高校领导应重视学生对传统文化遗产的学习，避免将其视为非必修的额外活动，而应将其作为课程计划的一部分。课程内容应广泛涵盖古代哲学、文学艺术、科学技术、宗教信仰、伦理道德和教育学等多个方面。学校应当安排熟悉传统文化的教师开设讲座，例如以《周易》《论语》《诗经》《道德经》《韩非子》和《孙子兵法》等经典作品为主题的系列讲座。另外，提供选修课程，如"中国文化史""中国文化概览"和"唐宋诗词鉴赏"，这些课程是向大学生传授传统文化教育最有效、最直接的途径。通过这样的学习，学生不仅能够深入理解中华文化的深厚底蕴，还能够在其人文素养上得到显著提升。因此，将传统文化教育纳入高等教育体系，对于培育具有文化自信和国际视野的人才来说，是必不可少的。

（三）在课程体系建设中融入儒家思想内涵

大学生品德教育的主要内容与儒家思想内涵相辅相成。为此学校在传承我国道德文化传统时，应不仅仅局限于某个角度与途径，而应进行全方位的资源整合，将儒家文化与思想融会贯通，达到育人的目的。

第一，把儒家思想教育课程纳入高校公共课程体系中。目前，大多数高校都开设了"中国文化概论"课程，这对于传播我国传统儒家思想理论极为重要。但在具体课程教学实践中讲授儒家思想的较少。所以，将我国传统儒家思想融入大学生生活中，全面利用文化资源的教育作用是十分必要的。在教学过程中，教育者能够通过讲解和分析经典文学作品中的故事情节与哲学思想，帮助学生深入理解儒家学说的核心。将这种精神实质与学生的日常生活联系起来，能够使学生更加深刻地领悟到儒家文化的丰富内涵。这样一来，不但可以让学生更好地了解与吸收其精华，还能帮助他们形成正确的价值观、世界观，真正实现其潜移默化的教育作用。

第二，学校对学生进行思想政治方面的教育离不开思想政治课的课堂教学。事实上，我们在进行思想政治教育时，也可以将其与传统的儒家思想融合在一起。这样的方法不仅有助于拓宽高校思想政治理论课程的教学视角，还可以通过儒家思想来帮助大学生建立正确的世界观、人生观与价值观。因此，把我国优秀的传统文化融入思想政治课程，能够极大地丰富当前的思想政治课内容。

（四）在教学内容上突出针对性

1.加强诚信意识的培养

在当前大学生群体中，诚信缺失的行为日益突出，包括考试作弊、论文抄袭和简历造假等问题。这种现象反映出大学生的诚信观念亟须加强。诚实与信用不仅是个人品格的核心，也是赢得他人信任的关键。"言必信，行必果"是获取信任的基石，而在中国的传统美德中，"信"更是被视作"五常"之一，凸显了其重要性。坚守诚信原则是每个人最基本的道德要求，违背这一原则等同于丧失了作为社会成员的根本准则。因此，利用中国丰富的传统文化资源强化大学生的诚信教育显得尤为重要。通过课堂教学融入诚信教育内容，可以培养学生以真诚的态度待人处世，并认真负责地对待自己的行为。同时，通过完善失信的惩罚体系和建立个人的诚信管理体系，为学生建立诚信档案，将诚信表现与学生的综合评价相联系。这样的做法能够有效地提升大学生的诚信意识，促使他们树立正确的价值观和人生观。

2.加强民族精神的培养

民族精神是经过长时间的集体生活和社会实践，在特定民族中孕育而成的一种思想品质、价值取向以及道德规范的总结。它综合体现了该民族的心理特点、文化观念和情感态度。党的十八大报告指出："大力弘扬民族精神和时代精神，深入开展爱国主义、集体主义、社会主义教育，丰富人民精神世界，增强人民精神力量。"民族文化传统是体现民族灵魂的桥梁，同时，民族灵魂也是对民族文化传统的一种提炼和提升。在众多传统文化中，有关民族灵魂的描述层出不穷。因此，我们需要借助我国卓越的传统文化资源中的教育价值，来强化对大学生民族精神的培育。

首先，在开展思想政治教育课堂时，我们应致力于强化民族精神的培育，点燃学生对祖国的热爱，提升他们的民族自尊、自信与荣誉感。其次，教育大学生形成团结向前、勇敢勤劳、自我加强、不惧艰难的品质，增强他们对社会的责任和历史的担当意识。我们鼓励学生树立"为中华崛起读书"的爱国热情，并将个人追求与国家及民族的未来紧密联系，将个人理想具体化为实际行动，追寻生命的深刻意义和价值。

3.加强感恩精神的培养

感恩被视为中华民族的传统美德，如"投之以桃，报之以李""感恩图报，当有激于衷矣""谁言寸草心，报得三春晖"等都表达了这种情感。在我们的文化传统中，一直强调对父母、他人和社会的感恩是基本道德立场。但遗憾的是，在当代大学生群体中，这一美德似乎正逐渐被忽视甚至漠视。我们常能看到破坏自然、轻视生命、缺乏孝心、缺乏责任意识和奉献精神的行为。这些行为与传统的道德观念背道而驰，也反映出了当代社会对于感恩和尊重的缺失。

在我们的教育体系中，应当重视并融入传统文化中强调感恩的价值观。课堂上，教师应该致力于加深学生对感恩的理解，引导他们心存感激之情：感激大自然的馈赠、感谢父母的养育之恩、尊重老师的辛勤教导以及对社会提供的机会和挑战表示感怀。通过这样的培养，学生能够逐渐形成一种包容和大爱的情操，这种情操以"仁者爱人"为核心，体现了深厚的人文关怀。在当代教育环境中，倡导大学生培养"仁爱"精神，不仅有助于个人品质的提升，而且对于促进社会和谐与健康发展具有深远的影响。这样的教育理念将有助于构建更加温馨和睦的社会环境，让每个人都能感受到相互关爱与支持的力量。

学生获取传统文化知识的主要途径是通过教师在课堂上的讲授。因此，高等教育应充分利用课堂教学的优势，使学生能够系统、准确和深入地学习中华优秀传统文化知识。

高校拥有根据各个专业的特点，设计并实施多样化课程体系的能力。例如，针对理工科专业的学生，学校可以设定"文史经典与文化传承"为必修科目，同时提供诸如古典诗词欣赏、古代文学名著研读、传统音乐鉴赏以及古代绘画艺术赏析等选修课程。这些课程旨在培养学生的文化素养和审美能力，使他们在科技领域之外也能对传统文化有所了解和欣赏。

（五）在教材中融入传统文化

高校通过思想政治教育教材，向学生传授科学的世界观、价值观和人生观，这些教材不仅承载了提升学生的政治素养、思想道德品质和法律意识等知识，也是教育的重要工具。鉴于此，各高校可积极整合传统文化元素至教学材料中。从学校当前思想政治教育的实际情况出发，利用地方传统文化的丰富资源，提炼其中精华，编写富含地域特色的本土化教材。这样的教材将使学生更直观地感受和学习到传统文化的魅力，成为现有思想政治教育内容的有力补充①。

同时，思想政治教育教材中，马克思主义中国化作为核心主题，涵盖了马克思主义与传统文化的深度融合。在建设学校教材时，我们应着重探讨马克思主义在中国发展过程中，如何与传统文化相互融合和互补。通过挖掘传统文化的智慧，丰富和深化马克思主义理论，既能提升传统文化的价值，也能促进马克思主义的发展。例如，为了增强当代大学生对国家的信任感和民族自信，教材应融入以"天下兴亡，匹夫有责"为核心的内容，强调个人对国家的责任。同时，为增强学生的生态文明意识，教材应包含尊重和顺应自然的"天人合一"观念，让学生领

①郑玉萍,刘昌俊.传统文化与高校思想政治教育的融合路径探析[J].品位·经典,2023(16):27-30.

略传统文化的魅力。此外，在弘扬社会主义核心价值观方面，教材应增加"仁义礼智信"等传统文化元素，引导学生正确处理人际关系和社会联系。通过这些内容，引导大学生在体验中华民族文化特色的同时，积极传承中华优秀文化，塑造新时代中国人的身份。

第四节　中华优秀传统文化与大学生思想政治教育融合之网络教育路径

一、有效发挥网络载体的作用

随着科学技术的高速发展，网络技术正以迅雷不及掩耳之势悄然改变着大众的生活与工作方式，进而也促进了道德教育新方式与渠道的形成。目前，是否可以行之有效地开发与使用网络教育资源，对中华优秀传统文化能否发挥其独特的教育优势起着决定性作用。当前，网络使用群体中最为庞大的队伍就是大学生，所以，我们在进行传统文化教育资源的开发和使用时，一定要意识到有效发挥网络载体的现实意义与重要性，在运用媒体平台的基础上完成中华优秀传统文化和多媒体的结合①。

第一，教师可把网络载体当作大学生思想政治教育的重要阵地开展各项教育活动。比如说，创建各种以中华优秀传统文化为主题的网站，让学生在使用互联网时也能吸收很多新知识，从而获取中华优秀传统文化中的精髓，体会其深远意蕴。特别需要注意的是，我们在通过网站这一形式进行思想政治教育时，一定要加强探索采用怎样的语言形式，使之达到"以礼育人，以情动人"的效果，达到润物细无声的教育效果。

第二，我们同样能够采用微博、微信这类平台达到类似效果。人们之所以越来越青睐新媒体，与其方便性、通用性不无关系。这种新兴媒体给大学生带来了全新的沟通方式，符合他们目前即时信息传递与主动

---

①郭鹏.网络背景下中华优秀传统文化与大学生思想政治教育融合创新的有效途径研究[J].科学咨询(科技·管理),2021(11):141-143.

求知的心理特征。比如说，通过微信、微博等软件给大学生提供一些关于中华优秀传统文化的公众订阅号，按时为他们提供一些相应的讯息，为他们在零碎时间内获取知识提供帮助。另外，教育者还能通过微信、微博这类平台，及时解决目前大学生普遍反馈的道德滑坡问题，进而为高校思想政治理论教育活动开拓出一片新天地。

第三，我们还能借助图书馆这个资源宝库进行中华优秀传统文化宣扬活动。比如引导大学生积极运用图书馆的各种文献资料以及通过阅览室下载与中华优秀传统文化相关的电子文档与视频等影像资料，让大学生可以更好地了解一些经典名著与人物传记，进而有效吸收其中教育精华方面的内容与思想，提升自身的思想道德素质，实现全面发展。

二、积极推进思想政治教育网站的创建

为了推动中华优秀传统文化，我们需要建立一个专门的思想政治教育网站。这个网站将致力于宣传和传承我国深厚的历史文化底蕴。通过这样的平台，我们能够更好地向公众展示中华文化的独特魅力，并激发大家对传统文化的兴趣和热爱。未来学家阿尔温·托夫勒曾经说过，掌握信息和网络的人就能掌握整个世界。如今，互联网已经成为开展思想政治教育的重要途径。因此，我们应该充分利用互联网的力量，将其作为宣扬主旋律、进行思想政治教育的主要工具。为了实现这一目标，我们需要全面加强学校网络平台的建设。

为了加强学校的数字领域建设，我们应该打造一个具有独特魅力、吸引力和广泛影响力的思想政治教育网络平台（也称为"红色网站"）。这个平台可以设置一个专区，专门用来展示和宣传中国丰富的传统文化。通过这样的互联网平台，我们可以促进学术讨论和交流的深入发展，同时也可以指导学生如何在线查阅和下载有关我国传统文化的丰富资料。此外，利用学校的互联网资源，我们还可以选择播放一系列精选的视频资料，这些资料旨在向学生展现中华优秀传统文化的独特魅力。

举例来讲,"中国大学生在线"网站,是由高等教育出版社主办的一个网站,它已经成为高校思想政治教育的核心平台。该网站以其展示的优雅传统文化、流畅的文字表达、感人至深的故事和鲜活的案例而闻名,因此吸引了大量人气并深受学生喜爱。在推进高校思想政治教育方面发挥了重要作用,对大学生的全面发展和成长也起到了不可替代的积极作用。

为了构建一支能够熟悉运用思想政治教育方法、深刻理解中华传统文化精髓并精通互联网信息技术的复合型人才团队,我们需要引导和激发学生主动利用红色网站和其他在线资源来探索和学习我国丰富的优秀传统文化。这样的努力将有助于优化学生们的知识结构,进而有效提升他们的人文素养和综合素质水平。

三、运用现代科技手段创建网络教育平台

随着智能手机的普及,大学生对网络的依赖和利用日益加深。网络不仅是他们获取信息、了解时事的主要途径,更是塑造其思想观念和行为习惯的关键因素。因此,在强化思想政治教育和弘扬传统文化的同时,我们需积极布局网络空间,借助微博、微信等平台,构建教育新阵地。通过这些网络工具,我们能更深入地了解学生的内心世界,引导他们的成长方向,并有效传承与推广优秀的传统文化。这样,我们才能更好地指导和教育大学生,确保他们在新时代下健康、全面地发展。

第五节　中华优秀传统文化与大学生思想政治教育融合之社会实践路径

一、积极举办与传统文化相关的讲座

高等学校可以从大学生的实际出发,找到他们在传统文化学习中的重点、难点以及关注的热点,在此基础上邀请社会上一些有名望的专家

学者或者模范榜样来给大学生做相应的讲座。讲座可以说是高校思想政治教育课程教学的一种有益补充，举办好讲座，将会出现一个传统文化和思想政治教育双赢的局面。

高等学校积极举办与传统文化相关的讲座，对丰富大学生的传统文化知识、增强他们对传统文化的保护和传承意识有着重要的意义。

二、深入挖掘传统节日的内涵

中国的许多传统节日都扎根于农耕文化，这些节日通常与纪念先祖、祈求好运、驱邪避凶，以及通过节庆活动满足食欲等习俗密切相关。这种深厚的农业文明基础使得中国的传统节日相较西方的节庆显得更为"朴实"，缺少一些西方节日所特有的浪漫色彩。尤其是自改革开放以来，随着社会主义现代化的不断推进，我国的城市化水平显著提高，人们的生活方式和审美观念也随之提升。这一变化导致不少追求时尚潮流的年轻人，特别是大学生群体，对传统节日的兴趣逐渐减少。另外，随着大量农村人口涌入城市，以及原本的农村地区逐渐转变为城镇，对于那些不熟悉农村生活的大学生来说，他们对传统节日的认识和了解变得越来越少。他们可能甚至不清楚某个节日的由来和意义。然而，尽管存在这样的趋势，但传统节日仍然是中国文化中不可或缺的一部分。它们承载着丰富的历史和文化价值，是连接过去与现在的桥梁。因此，有必要通过教育和文化活动来加深年轻人，尤其是大学生对这些传统节日的了解和尊重。

针对我国对传统节日的高度重视，我们不仅将其设立为法定假日，而且鼓励大家深入了解这些节日的文化内涵。然而，仅仅设为法定节假日是不足以满足这一目标的，因为许多大学生总是盼望在这个节日期间放假，而忽视了探究为什么会有这个假期①。因而，为了使传统文化在大学生思想政治教育中扮演关键角色，我们必须深入探索传统节日的深层意义。

①明成满，陈健. 优秀传统文化教育与高校思想政治理论课社会实践的融合研究：以大学生参与传统节日活动为例[J]. 安徽工业大学学报(社会科学版)，2017(3)：62-65.

为了使中华文明的瑰宝焕发新的活力，我们需要在外部激励的同时，探索文化自身的内在动力。将国民教育与个人修养的提升相融合，为传统文化资源找到合适的展示平台和介入点，发挥其独特作用是至关重要的。通过国家教育系统的推广，优秀的民族文化资源能够得到社会的广泛认同，并融入国家的文化价值体系；而个人层面的自我提升也促使人们更加珍惜传统文化的精神内涵。这样，中华文明的精粹才能深入人心，融入人们的日常生活，并在每个人心中扎根生长，成为不随时间流逝而消逝的强大力量。因此，作为中华文化宝贵财富的一部分，传统节日不仅需要国家的大力推崇，也需要每个个体加强对这些节日的理解和重视。

陈竟，民俗艺术研究室的主任，长期致力于保护和弘扬中国的传统文化。他曾经强调过挖掘传统节日如春节、清明、中秋、端午等的文化内涵的重要性。他认为，这不仅可以增强民族的凝聚力，提升国家的影响力，还能推动中国文化的发展与繁荣。陈竟明确表示，任何民族若忽视了其传统，便等同于丧失了未来的方向；而一旦抛弃了这些传统，该民族的前景也变得黯淡。他特别指出，中国的传统节日不仅蕴含着丰富的人文价值和历史意义，还是增强民族团结和国家团结的重要力量。这些节日是中华民族文化的宝贵组成部分，彰显了一个民族的文化根源。正如一棵树需要根才能茁壮成长，一个民族也绝不能放弃它的文化根基。

通过深度探索传统节日的文化底蕴，可以有效地在大学生中培养爱国情怀。这种教育方式不仅让学生们学会感恩、尊重孝道，而且有助于全面提升他们的道德素养。这样的教育对于推动新时代大学生的思想政治教育具有重要意义，使教育内容更加符合学生的成长需求并贴近他们的实际情况，进而增强了教育的有效性和实用性。

三、参观名胜古迹

古迹名胜，作为人类历史长河中文化创造的瑰宝，不仅承载了丰富的文化价值，而且成为中华文明传统中不可或缺的一部分。这些文化遗产是古人对自然景观进行改造与美化的历史见证，它们展示了人类与自然环境相互作用和历史发展的进程。通过参观这些名胜古迹，大学生们有机会深入理解历史的脉络，感受那些跨越时代、由优秀传统文化赋予我们的精神财富。这种经历有助于加深他们对于传统文化的尊重与认识，加深对文化传承重要性的认识。

在多元化意识形态的当代社会中，大学生很容易受到西方文化和其他异质文化的影响，这可能导致他们的思想出现偏差并反映在行为上。考虑到名胜古迹作为我国祖先智慧和努力的体现，它们记录了民族的辉煌历程，参观这些地方能够加深学生的民族自豪感和爱国主义情怀。因此高校应不仅通过理论教学强化对优秀传统文化的教育，还应积极安排学生实地参观本地的历史文化遗产，以启发他们从中获得灵感和教育。

四、鉴赏古代诗词

中国古老的诗歌和辞赋，作为中华民族文化的核心，已经流传了数千年。这些诗词不仅代表了中国文学的精髓，还是大学生拓宽知识视野、提升人文修养的重要资源。通过研读并欣赏这些古典文学作品，学生能够直接从文学艺术的根源吸取最为纯净和甘甜的精神滋养。同时，这些古诗词还能让学生在诵读的过程中，深入体验中华文化的博大精深，认识古人的生活方式和价值观，领略古代圣贤们高尚的道德情操。这种体验不仅能够激发学生的灵感和思考，还能够鼓励他们效仿那些伟大的古代思想家和行动者，帮助他们在快节奏且充满压力的现代生活中找到宁静和平衡，从而实现思想政治教育的目标。

古代诗词不仅是大学生乃至所有中国人精神文化的重要组成部分，它们也极大地丰富了人们的思想情感和审美情趣。这些作品不仅提升了审美鉴赏能力，还成为中华文化传承中不朽的瑰宝。中国古诗词所包含的美的元素极为丰富多彩，对于提升大学生的艺术审美能力起到了关键的作用。选择那些能激发大学生兴趣的古代诗词作品，深入探索其美学内涵，根据学生的审美偏好和心理状态，采用诸如诗歌朗诵等多种方式，可以有效提升学生的审美鉴赏力。通过这样的过程，学生们能够更深刻地体会到传统文化的独特魅力，这是一种富有成效的文化传播方式。

但是，我们也必须认识到，现代大学生对传统诗歌的感知存在一定的距离。经典文学的杰作往往难以为大学生所理解和接受，有时甚至被视作过时的"遗物"，与小说、流行音乐等相比缺乏吸引力。鉴于高等教育机构在推广和继承文化遗产方面承担着重要职责，大学在培养大学生欣赏古代诗词的过程中，不应仅仅依赖传统的教学方法，而应探索更具吸引力的教育手段。例如，通过音乐平台发布的《琵琶行》歌曲，以流行的音乐风格重新演绎了这部古典长诗，使其更易于网络传播，同时也让常在线上的大学生们能够间接地感受到其独特之美。此外，还可以举办诸如古诗词知识竞赛、古装晚会等多种活动。总之，高校在强化优秀传统文化与学生情感纽带的同时，提升大学生的审美鉴赏力还需不断努力。

五、品味传统曲艺

传统曲艺，作为中华文明几千年历史积淀中形成的非物质文化遗产，不仅融合了民族的思维模式、美学追求和哲学思想，而且蕴藏了极为丰富的文化价值与资源。当大学生接触并欣赏这些传统艺术时，他们的心灵会得到净化，同时能够深刻体验到传统文化的非凡魅力。

然而，考虑到传统曲艺是源自古代的非物质文化遗产，它们在当代大学生的日常生活和学习中往往难以找到一席之地。由于大学生群体生活在快节奏的都市环境中，他们更倾向于追求富有活力的现代流行文化。为了鼓励大学生去欣赏并理解传统曲艺，可以尝试将一些现代流行元素融入其中。例如，通过将戏曲的唱腔融入流行音乐或引入当前社会的热点话题和流行话语，可以使得传统曲艺更加贴近大学生的生活。这样的结合不仅使传统曲艺更易为大学生所接受，而且能够在保留其独特魅力的同时，激发大学生的情感共鸣和深入思考，从而有效地丰富和提升大学生的文化素养。

参考文献

[1]程喆，陈竞博.中华优秀传统文化融入大学生思想政治教育的原则和方法[J].吉林教育，2021（11）：79-81.

[2]杜昀芳，刘永记.中华优秀传统文化[M].北京：新华出版社，2021.

[3]郭鹏.网络背景下中华优秀传统文化与大学生思想政治教育融合创新的有效途径研究[J].科学咨询（科技·管理），2021（11）：141-143.

[4]郭园园.中华优秀传统文化融入大学生思想政治教育的必要性及途径探究[J].世纪桥，2023（4）：24-26.

[5]黄雅娟，李鹏鹏.优秀传统文化融入大学生教育的价值和长效机制研究：以"四史"教育融入大学生思想政治教育为例[J].中国民族博览，2023（5）：173-175.

[6]李婧.浅谈中国传统文化融入民办高校思想政治教育创新改革的实践路径[J].农场经济管理，2022（3）：62-64.

[7]李忠红，王贺.思想政治教育探究[M].北京：社会科学文献出版社，2019.

[8]刘志林.大学生思想政治教育与中华优秀传统文化融合的可行性研究[J].昌吉学院学报，2018（5）：42-45.

[9]明成满，陈健.优秀传统文化教育与高校思想政治理论课社会实践的融合研究：以大学生参与传统节日活动为例[J].安徽工业大学学报（社会科学版），2017（3）：62-65.

[10]任连军，衡若冰，李晓蓉.论中华优秀传统文化与大学生思想政治教育创新融合[J].西南科技大学学报（哲学社会科学版），2022（3）：100-106.

[11]孙立艳，陈艳梅，孟庆莹，等.中华优秀传统体育文化融入高校大学生思想政治教育路径研究[J].产业与科技论坛，2023（23）：95-97.

[12]杨一琼.中华优秀传统文化融入大学生思想政治教育研究[D].锦州：渤海大学，2021.

[13]尹微.营造良好思想舆论氛围和社会文化环境[N].四平日报，2023-08-10（005）.

[14]游珍花.中华优秀传统文化融入大学生思想政治教育研究[D].武汉：武汉理工大学，2021.

[15]余聿莹，潘晓华.中华优秀传统文化与大学生思想政治教育深度融合研究[J].才智，2023（30）：37-40.

[16]袁晓妹.人性自由视域中的思想政治教育研究[M].北京：人民日报出版社，2019.

[17]张立学，路日亮.大学文化育人与思想政治教育关系论析[J].山西高等学校社会科学学报，2019（8）：79-84.

[18]张亮.走近中华优秀传统文化[M].南京：南京大学出版社，2018.

[19]赵长林，黄春平.我国现代大学通识教育的发展历程与现实启示[J].聊城大学学报（社会科学版），2023（5）：76-81.

[20]郑玉萍，刘昌俊.传统文化与高校思想政治教育的融合路径探析[J].品位·经典，2023（16）：27-30.